D1236558

DANS LA MÊME COLLECTION

Connectez-vous sur ·
www.lamartiniere.fr

© 2006, Éditions de La Martinière,
une marque de La Martinière Groupe, Paris

MINCIR, OUI MAIS COMMENT?

Texte
Marie Belouze-Storm

Illustrations
Cécile Roubio

NORTH BAY
DISCARDED
PUBLIC LIBRARY

F
613.25
Bel

De La Martinière

Jeunesse

SOMMAIRE

Mincir, oui mais comment ?

Vous êtes tentée de vous mettre à la diète, pour entrer dans la petite robe du réveillon ou pour faire des ravages sur la plage.

Que faire quand on a effectivement quelques kilos en trop et qu'on a constaté que le énième régime à la mode ne tient pas ses promesses ?

Dans ces pages, pas de recettes miracle, pas de régime à la va-vite pour perdre soi-disant 5 kg en une semaine, mais seulement des conseils pour maigrir avec efficacité et sérieux. Silhouette et kilos peuvent faire l'objet d'une remise en question raisonnable et raisonnée. C'est l'histoire que raconte ce livre. Le mode d'emploi du régime n'est pas la dure réalité que vous imaginez. Si vous pensez « tout le monde fond, sauf moi », c'est que vous êtes sans doute victime d'une malédiction personnelle ! Le régime n'est autre chose qu'un ensemble de règles simples pour apprendre à connaître, écouter et respecter ses besoins, et surtout réussir à maigrir définitivement. En revanche, l'histoire que raconte ce livre ne dit pas si le bonheur est au bout du régime, parce que le *happy end* vous appartient. En effet, cette histoire est la vôtre, et elle est différente pour chacune d'entre vous. À l'adolescence, le temps est venu de l'écrire vous-même pour ne jamais laisser personne vous dicter votre ligne et votre bonheur.

L'IMAGE DU CORPS, VOTRE REFLET

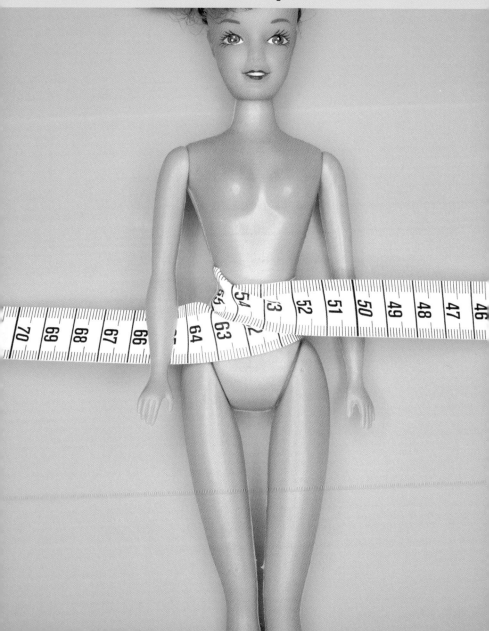

1 D'accord, j'habite un nouveau corps... mais la bonne fée qui s'est penchée sur mon berceau m'a joué un vilain tour ! Je ne ressemble pas aux filles sublimes qui font la une des magazines. Pourquoi tant d'injustice ? À côté d'elles, c'est simple, j'ai l'impression d'être une obèse... C'est clair, dans cet état, je ne vois pas comment je pourrais plaire aux garçons ! Comment faire pour que mon corps soit conforme à mes rêves ou simplement le reflet de moi-même ?

« Difficile de voir son corps changer, parfois tout va trop vite, je n'ai pas eu le temps de m'habituer à mes nouvelles formes. Surtout que ce n'est jamais le bon moment, c'est pas terrible de grossir quand on a envie de séduire. Je suis effrayée par les kilos qui augmentent d'un coup et inquiète à cause des transformations d'un corps qui me plaît de moins en moins. Je culpabilise à chaque bouchée, mais le plaisir l'emporte à tous les coups.

« C'est moins agréable devant la glace, je regrette alors d'avoir si souvent craqué, mais je suis tout le temps partagée entre le rêve d'un corps longiligne et le plaisir d'un chocolat tout rond. J'ai l'impression que manger n'est même plus une question d'appétit ou de gourmandise, mais de compensation. Quand je rentre des cours et que je suis fatiguée, j'ai envie d'une consolation pour me soutenir, c'est à ce moment-là que j'ai besoin de compenser par un plaisir. Je me trouve grosse d'un peu partout, mais ce sont surtout les hanches qui me gênent pour pouvoir m'habiller comme j'en ai envie. Mon idéal n'est pas d'être squelettique mais de me plaire plus en étant moins grosse. »

Chloé, 16 ans.

À l'adolescence, tout change

Il se peut que plus jamais au cours de votre vie vous n'ayez à vous adapter à des changements physiques et psychologiques aussi profonds que pendant l'adolescence.

En peu de temps, le corps se transforme, la puberté bouleverse le schéma corporel sous l'influence des hormones. Les règles surviennent, la poitrine se développe, les poils poussent. Dans le même temps, vous grandissez, et votre poids peut doubler. Il est possible qu'à 10 ans vous pesiez 30 kg et qu'à 16 ans vous en fassiez 52. De quoi être pour le moins surprise, peut-être ravie, mais aussi parfois déconcertée et déprimée. Vous pouvez avoir du mal à vous habi-

tuer à des formes plus pleines parce que, dans l'enfance, vous étiez mince et élancée.

Ces rondeurs vous semblent encombrantes : un peu plus de fesses, un peu plus de hanches, comment cela va-t-il finir ? Vous sentir bien dans votre « nouvelle peau » est devenu une préoccupation. Vous traquez le détail qui fâche, examinez à la loupe vos seins qui pointent et vos cuisses qui se galbent. Vous vous comparez aux autres parce qu'à l'adolescence on n'a pas franchement envie d'être hors normes. Il est légitime d'essayer de retrouver la sensation que votre corps vous appartient. Cela viendra avec le temps, mais, en attendant, ce corps, il vous arrive de ne plus l'aimer. Vous cherchez à le dominer parce qu'il ne semble pas conforme à votre idéal. Votre idéal est le reflet de votre environnement, il se réfère bien souvent à la mode. Bien qu'une mode soit par définition passagère, de nos jours, pas de doute, elle est à la maigreur. Il est difficile de s'identifier à un tel schéma corporel, car la majorité d'entre vous ne lui ressemble pas. D'un point de vue médical, 90 % des

Info

L'OBÉSITÉ, FLÉAU DU XXIᵉ SIÈCLE ?

Paradoxe de notre époque, les pays sous-développés, soit les deux tiers de la population mondiale, luttent pour survivre. Le tiers restant s'ingénie à limiter son apport de nourriture. 250 millions d'adultes sont obèses. Aux États-Unis, 60 % de la population est maintenant en surpoids ou obèse. Plusieurs facteurs favorisent cette situation, entre autres le mode de vie sédentaire et l'alimentation trop riche et peu variée. L'obésité a des conséquences sur le bien-être individuel et social. Elle favorise aussi différentes maladies comme le diabète, l'hypertension, les maladies cardiaques (infarctus) et aussi certains cancers. En France, la vigilance s'impose, car déjà 10 % des jeunes sont atteints par ce fléau qu'on peut qualifier de maladie.

adolescents ont un poids satisfaisant, alors que la maigreur correspond à un poids très en dessous des normes. Les top models sont hors normes. Ce décalage explique que vous puissiez vous sentir mal à l'aise. Le regard des autres est parfois lourd du poids de ces références draconiennes. De plus, quand vous pensez top models, vous pensez « régime ». Comment faire pour ressembler à ces créatures de rêve ? La question mérite d'être examinée.

L'image des « tops »

Ultra-maigres, « ultra-parfaites », c'est la référence sociale permanente à laquelle vous êtes confrontée. Qui peut réellement soutenir la comparaison et se sentir à la hauteur ? Au cinéma, les actrices sont sublimes, à la télévision, les mannequins présentent des shows, dans les revues les photos retouchées sur papier glacé sont superbes. Dans les boutiques de mode, les vêtements moulants ne pardonnent aucune faute de silhouette. C'est incontournable, la féminité est devenue maigreur, et le bourrelet est diabolisé !

Les photographes de mode et les couturiers ont besoin de silhouettes parfaites pour mettre en valeur des vêtements portés près du corps, à la coupe presque masculine ou qui effacent les formes féminines. Pour eux, seules les tops ultra-minces sont conformes à cette perfection. Mais, paradoxalement, ce sont des exceptions sur bien des plans.

• **Naître top ou ne pas l'être**
C'est en effet un héritage génétique qui va déterminer les formes de votre corps. La nature a doté les tops de silhouettes du genre portemanteau. Elles sont grandes (et même géantes) et très minces (c'est plus facile d'être filiforme quand on prend 15 cm par an). Or, ces données correspondent plus volontiers à la morphologie des filles d'origine nordique (Américaines, Suédoises, Allemandes, Néerlandaises ou Russes) que latine. Certes, il y a des exceptions qui confirment la règle (comme du côté de la Corse, une certaine Laetitia Casta), mais c'est plutôt rare. Génétiquement, il est plus difficile d'avoir une stature longiligne si vos grands-parents sont nés au bord de la Méditerranée. Alors, au diable les centimètres, le charme du Sud, ça ne se raconte même pas. Vous imaginez Jennifer Lopez ou Monica Bellucci avec 15 kg de moins et 20 cm en plus ?

• **Être top, c'est aussi un métier**
Ne croyez pas que pour les mannequins la vie soit un long fleuve tranquille. En premier lieu, la sélection pour devenir top model est terriblement rigoureuse. Il y a beaucoup d'appelées et peu d'élues. Et la concurrence continue entre les filles sélectionnées. Elles sont constamment sous les feux des projecteurs. Si elles gagnent beaucoup d'argent, elles en paient aussi le prix. Se plier aux exigences des professionnels de ce métier exige de la docilité. Leur journée type, c'est des heures d'attente pour une seule prise de vue. Elles n'ont pas droit à la moindre erreur, elles doivent s'épier en permanence, jamais de teint brouillé ni le plus petit bouton. Le look que vous enviez tant nécessite un dur labeur,

Lisa
4 coupe-faim
à 12 h
15 cafés
Une soupe
hyper light
à 20 h

Cindy
rien ce matin
1/4 de pomme
à midi
1/4 à 16 h
1/4 à 20 h
3 L d'eau

une surveillance constante qui passe notamment par une alimentation hyperrestrictive. Les plaisirs gastronomiques ne sont pas leur pain quotidien. Alors, pour tenir le coup, certaines prennent de dangereux médicaments coupe-faim ou autres drogues.

La perfection des tops est d'ailleurs loin d'être une réalité. Leur métier présente d'elles une image parfaite. Facile de ne pas avoir le plus petit défaut sur des photos retouchées, avec les plus beaux vêtements et les meilleurs maquilleurs qui soient au monde ! Si vous vous jugez trop sévèrement en raison de l'image que les médias donnent des tops, vous n'accepterez pas le plus élogieux des compliments sur votre physique.

« Bien-être », au vrai sens du mot, veut dire « être bien », c'est-à-dire savoir trouver un équilibre entre vos désirs intérieurs et votre aspect physique. À l'adolescence, c'est parfois difficile. Mais cette période est passionnante, car elle permet de construire sa personnalité, et s'identifier à des modèles y contribue. Toutefois, vous pouvez vous épargner une souffrance inutile en évitant de vous identifier à des images impitoyables. La petite histoire des formes féminines à travers les âges permet de prendre de la distance : les modes changent. La maigreur à l'honneur aujourd'hui aurait fait horreur hier.

La petite histoire des formes

Minceur ou corpulence, maigreur ou obésité, chacune a eu son heure de gloire selon les époques et les cultures. Les critères de la beauté ont tellement varié au cours de l'histoire que cette saga est une véritable histoire « à rebondissements » !

C'est au bord du Nil qu'est née la mode de la minceur, il y a environ quatre mille ans. Les produits de beauté et onguents trouvés dans les chambres funéraires des reines prouvent que les épouses des pharaons aspiraient à la perfection esthétique. Pour raffermir leur corps et combattre les bourrelets, les femmes utilisaient des poudres d'albâtre (un minéral) et autres essences de mandragore (une plante). Les papyrus médicaux, pleins de conseils surprenants, sont aussi très répandus.

• La beauté mathématique des Grecs

Dans la Grèce antique, au Ve siècle avant Jésus-Christ, le ton n'est plus donné par les puissants mais par les artistes. Les femmes doivent se soumettre aux modèles qu'imposent les sculpteurs.

Les Grecs s'inspirent de l'esthétique égyptienne, mais ils élaborent en plus une véritable science de la beauté formulée par le sculpteur Polyclète à travers sa théorie du « canon ». Il explique que l'harmonie des formes est atteinte lorsque le nombre d'or peut s'appliquer à la silhouette, c'est-à-dire lorsque certaines proportions sont respectées.

• Au paradis des rondes

Cela peut paraître incroyable aujourd'hui, mais la Rome antique, aux premiers siècles de notre ère, fut bel et bien le paradis des gros et des grosses. Les Romains abandonnent définitivement le canon grec, leur grande hantise est d'être frappés de maigreur !

En effet, la maigreur est d'abord signe de maladie et de mort. Les épidémies sont redoutées, le peuple ne mange pas toujours à sa faim. Alors, être bien-portant, c'est être gros, voire obèse car l'obésité constitue un capital santé qui protège des pires maux.

La grosseur est un signe de reconnaissance sociale puisque pour manger plus qu'à sa faim il faut être riche. Le double menton est un signe extérieur de richesse. L'idée que les Romains se font de la féminité est à la hauteur de leurs exploits gastronomiques. Leurs sculptures témoignent que le type de femme qu'ils préfèrent est bien en chair, petite, trapue, avec des hanches généreuses et une poitrine opulente. Période fascinante aujourd'hui que celle des Romains. Comme il est loin le temps où l'on pouvait grossir sans aucun remords !

• Le Moyen Âge ou le visage de Carême

La silhouette de la femme du Moyen Âge est conforme aux mœurs de l'époque, dictées par les puissants, c'est-à-dire l'Église et les seigneurs. Le haut Moyen Âge (du Ve au XIe siècle) est une longue succession de célébrations de fêtes chrétiennes, où il est de bon ton de prier le ventre plein. L'Église pense en effet que le corps étant rassasié, l'esprit peut se consacrer plus facilement à la prière. Alors, les religieux et les seigneurs, qu'ils soient hommes ou femmes, festoient et grossissent, tandis que les paysans tentent de survivre. Cependant, à partir du XIe siècle, l'Église impose un comportement plus décent. Elle prône un retour à une nourriture moins abondante, les religieux sont incités à s'affranchir des plaisirs terrestres, car il faut purifier son âme. La sveltesse est de mise.

Les sculpteurs des cathédrales gravent dans la pierre des Vierges élancées avec des petits seins ronds et fermes. La tendance est au geste élégant et à la sensualité, pas à la grosseur.

• À la Renaissance

À partir du XVe siècle, le retour à la plénitude des formes est de rigueur. La mode de l'opulence arrive d'Italie avec Catherine de Médicis, qui se marie avec Henri II en 1533. Elle importe sa culture en même temps que sa légendaire gourmandise.

Vient alors le temps de la grande bouffe, de l'art de la table, et celui des corps somptueux et charnus. L'obésité, contrairement à la maigreur, ne fait pas peur, les femmes suivent même des régimes pour grossir. En effet, une femme sans graisse ne trouvera pas de mari ; si elle est trop frêle, on la croit incapable d'enfanter ! Sorciers et sorcières vont s'adonner jusqu'au XVIIIe siècle, malgré le bûcher qui les guette, à la confection de potions capables de développer la corpulence et d'accroître les charmes. Les grands artistes italiens (Titien, le Tintoret, Véronèse) peignent et dépeignent la volupté sensuelle des femmes. On les aime désormais joufflues avec un corps cylindrique, sans taille, dotées d'une poitrine généreuse.

• Au XVIIIe siècle, cap sur le naturel

Les époques se suivent mais ne se ressemblent pas. C'est à Versailles maintenant que naissent les tendances. La cour donne plus que jamais le ton en matière de choix vestimentaire et de mensurations à respecter. Ainsi, c'est Marie-

Antoinette qui lance la mode de la taille fine. On n'en connaît pas la raison, mais de mauvaises langues disent que c'était pour servir ses intérêts. Sa taille de guêpe légendaire ne résulterait que du contraste avec son tour de poitrine affichant un bon 119 cm ! Parallèlement, dédaigneux de ces futiles préoccupations de cour, les philosophes du temps des Lumières sèment les graines de la révolte et de la liberté de pensée en prenant le contre-pied de la tyrannie royale. À la sophistication et à l'abondance, ils répondent simplicité et modestie. La femme de la Révolution est mince. Sous l'Empire, une large ceinture sous les seins accroît encore l'impression de souplesse de la silhouette. Être grosse n'est pas dans le ton de l'époque !

• **Les gros préfèrent les minces**
Le XIXᵉ siècle poursuit la quête de la minceur. La femme de l'époque est soumise à son mari et aux idéaux de la littérature. Sous la plume des écrivains, les femmes sont touchantes, mais du « sexe faible ». En effet, leurs héroïnes sont graciles, pâles et mélancoliques. Ce ne sont que de pauvres malades pulmonaires aux destins tragiques (voir *La Dame aux camélias*), ayant besoin de la protection des hommes. Et il est plus aisé d'être le protecteur d'une femme fragile que d'une matrone opulente ! Pourtant, alors que l'idéal féminin est à la maigreur, le bourgeois de l'époque est opulent, gras et ventripotent.

• **Le siècle des femmes et de la médecine**
Au début du XXᵉ siècle, c'est encore et toujours les hommes qui dictent la mode et la silhouette des femmes. Puis un bouleversement se produit au cours de la Première Guerre mondiale. Les femmes prennent la place des hommes partis se battre sur le front. La femme s'émancipe enfin. Économiquement mais aussi physiquement, en libérant son corps des corsets. Comment travailler à l'usine ou dans un atelier lorsque le carcan du corset gêne les mouvements, quand la maigreur diminue le rendement ?
Les mentalités et les mœurs évoluent à la suite de cette

première émancipation. Tout au long du XXᵉ siècle, les femmes ont réclamé (et commencent seulement à obtenir!) la liberté de disposer de leur corps (grâce à la pilule contraceptive, autorisée en 1966, et la loi sur l'avortement, en 1975). À quand la liberté de choisir pour son corps la silhouette, qu'elle soit dodue ou svelte, qu'on souhaite? Après tout, rien ne l'interdit si votre santé n'est pas en danger. La médecine s'est mêlée, dès le début du siècle, des problèmes de santé liés au poids. Elle vante les mérites du sport et dénonce des maladies liées au surpoids. Ainsi, vers 1900, les bains de mer et l'exercice physique deviennent à la mode. Il est devenu difficile de se cacher, un corps dénudé se doit d'être mince et musclé. Personne n'échappe plus désormais à l'obsession du gras, devenue existentielle depuis quelques dizaines d'années.

Cette petite histoire des formes (rédigée grâce à l'ouvrage du Dr Ky Tran, *Mince ou grosse*, Éditions Perrin, 1996) prouve que la beauté est une notion très relative. Les femmes ont toujours dû se soumettre à des diktats pour parvenir à la silhouette idéale. Alors, inventez, construisez, imposez des modèles qui vous sont propres.

Devenez vous-même

Trouver son identité n'est pas une mince affaire, et, à la fin de l'adolescence, la personnalité n'est pas encore complètement formée. Les aléas rencontrés pendant cette période ne sont que des étapes. Beaucoup de choses ne dépendent pas de vous en ce monde, tels les données génétiques ou les accidents de la vie; alors, ne vous lancez pas dans des causes désespérées. Si vous vous contentez de changer et de comprendre ce qui est en votre pouvoir, c'est-à-dire vous-même ou vos relations avec les autres, vous êtes déjà sur la bonne voie.

Ainsi, il n'est pas si difficile d'intervenir sur son aspect général : c'est pourquoi vous devez commencer avec méthode votre «programme d'amélioration». Cependant, avant de vouloir tout changer radicalement, posez-vous les bonnes questions sur votre physique et sur la perception que vous en avez.

D'abord, sus aux complexes ! Tout le monde a des complexes. Poussés à l'extrême, ils vous polluent la vie. Vous préféreriez avoir un nez en trompette et vous trouvez que le vôtre ressemble à celui de Cyrano. On vous dit sans arrêt qu'il est très bien ? Croyez-le avec conviction !

Autre exemple : vous trouvez qu'une de vos oreilles est décollée, mais personne ne l'a jamais remarqué. Demandez-vous si cette obsession d'un défaut n'est pas que dans votre tête. Faites preuve d'un peu de tolérance vis-à-vis de vous-même. Cela ne veut pas dire non plus renoncer à améliorer ce qui peut l'être, ni ne plus prendre soin de vous et de votre silhouette.

N'oubliez jamais que vous êtes unique, la personnalité de votre meilleure copine n'est pas la vôtre, ses défauts et ses qualités physiques non plus, ni son style vestimentaire. Oubliez vos complexes, misez sur vos atouts, vous en avez nécessairement, et mettez-les en valeur systématiquement. Vous aimez vos jambes ? Montrez-les en portant des jupes courtes et des collants fantaisie. Vous avez un beau visage ? Mettez l'accent sur le maquillage (aucun, un peu ou beaucoup) en choisissant votre propre palette de couleurs. Investissez dans une bonne coupe de cheveux et/ou changez-en la couleur (préférez les shampooings colorants à la teinture), puis craquez sur les chapeaux de tous poils. Composez-vous une gamme de vêtements basiques qui vont définir votre style et que vous pourrez assortir à volonté, sans oublier les dessous craquants et autres Wonderbra, d'abord pour vous plaire et ensuite, accessoirement, pour séduire autrui.

Toutes ces dépenses (c'est pour la bonne cause) vous permettront de constater qu'avec un peu de bonne volonté il est possible de « rêver raisonnable » en améliorant son look. Dans le cas où quelques doutes subsisteraient (vous avez encore envie de vous cacher derrière un pull sans forme), la solution est de vous soumettre bon gré, mal gré à un autobilan objectif.

Faites un bilan

Pour faire un bilan sur votre physique, armez-vous de réalisme et d'un esprit positif. L'objectif est d'avoir une réflexion personnelle sur ce qui ne vous plaît pas dans votre silhouette. Il y a sans doute certaines choses que vous aimeriez volontiers modifier par un coup de baguette magique.

Si vous vous trouvez trop grosse et que personne ne peut vous persuader du contraire, rassurez-vous, beaucoup de filles pensent la même chose. La majorité des femmes souhaitent en permanence perdre ces fameux 3 kg qui les empêchent de se glisser dans le pantalon de leurs rêves... Il se peut aussi que vous soyez désorientée par votre nouveau schéma corporel. Il faut un peu de temps pour accepter l'idée que vous avez hérité de la poitrine généreuse des femmes de votre famille. Si on vous avait donné le choix...

SOS

QUAND ON SE TROUVE TROP MAIGRE

Il arrive que certaines se jugent trop maigres. Deux cas de figure se présentent alors. Première hypothèse : vous n'avez pas terminé votre puberté et les changements qui y sont liés interviennent souvent par à-coups. En général, les filles peuvent grandir jusqu'à 18-19 ans, et les kilos ne suivent pas nécessairement. Un peu de patience, votre silhouette va se former petit à petit...

Seconde hypothèse : vous faites partie des 1 à 2 % de la population qualifiés de « maigres constitutionnelles », terme médical pour dire que c'est génétique. Vous êtes ainsi faite, comme l'un de vos parents sans doute. Il vous sera toujours difficile de grossir, mais vous pouvez modifier votre silhouette en faisant du sport. Votre consolation sera que votre ligne va faire des envieux. En contrepartie, vous rencontrerez peu de monde pour vous plaindre.

Dans tous les cas de figure, ne confondez pas les formes féminines liées au chromosome X avec un problème de surpoids ou d'obésité. Avant d'entamer un régime pour gommer vos formes, vous devez prendre en compte plusieurs facteurs, tels l'hérédité ou votre type morphologique.

Quelle est votre morphologie ?

La morphologie détermine la répartition de votre masse grasse et de votre masse maigre. En clair, elle renseigne sur les endroits où vont se situer naturellement vos rondeurs.

Cette répartition est différente selon les sexes. Biologiquement, les femmes ont une masse grasse plus importante que les hommes. Elle est de 23 % en moyenne chez la fille et augmente tout au long de la croissance. Elle représente 15 % du poids normal d'un garçon et diminue à partir de 15 ans. Selon le sexe, la masse grasse n'est pas localisée aux mêmes endroits. Avant la puberté, pour les deux sexes, elle prédomine dans la partie inférieure du corps, puis la répartition se modifie sous l'influence des hormones sexuelles. Les filles sont alors « gynoïdes », les garçons plutôt « androïdes ». C'est ainsi depuis l'aube des temps, peut-être parce que les femmes avaient besoin de réserves de graisse pour porter et allaiter leurs petits, même en cas de disette.

Hormis cette différenciation sexuelle des endroits où va se loger la masse grasse, hommes et femmes appartiennent à des types de silhouette bien marqués. Leur morphologie peut être longue, ronde ou carrée, selon des facteurs génétiques. À poids égal, chacun a un corps différent. Ainsi, les excès en tout genre vont directement sur les cuisses chez les unes, sur le ventre chez les autres. En prenant conscience de votre capital morphologique, vous allez pouvoir intervenir pour modeler votre silhouette. Intervenir non pas radicalement, mais l'améliorer partiellement.

Et maintenant, à vos miroirs ! Regardez votre corps sans pudeur ni concessions.

La balance et vous

En dehors de votre morphologie, la dernière étape, plus tangible, est d'affronter la balance. Amie ou ennemie, elle est incontournable. Rien ne sert de faire l'autruche, car les kilos ont une fâcheuse tendance à s'accumuler dangereusement lorsqu'on renonce à les prendre en compte. Alors, sautez le pas et pesez-vous pour avoir une référence actuelle et future. Votre poids seul ne donne pas une mesure objective, il doit être relié à la taille.

La formule la plus connue pour calculer son « poids santé » est la formule de Lorenz :

Taille en cm – 100 – (Taille en cm – 150 : x)

Si vous êtes une fille, le coefficient x est de 2 (x = 4 pour les garçons).

Exemple pour une taille de 1,60 m (160 cm) :

160 – 100 – (160 – 150 : 2)

= 60 – (10 : 2) = 60 – 5 = 55 kg

Cette formule ne tenant compte ni de l'âge ni de l'ossature du sujet, elle est donc à moduler et à compléter par l'indice de Quetelet.

Celui-ci met en évidence le pourcentage de la graisse par rapport au poids total et à la taille. Il est aussi appelé indice de masse corporelle (IMC). Il est plus approprié que le poids exprimé en kilos, car il mesure l'excès de masse grasse globale et permet de vérifier s'il existe une surcharge pondérale. Calculez votre IMC en vous aidant de l'encadré « Bon poids, bonne mesure ». Mais, surtout, relativisez le résultat, car à l'adolescence l'IMC peut varier selon votre croissance. Celle-ci n'est pas toujours linéaire, vous grandissez et grossissez par périodes. Il est donc plus logique de surveiller cet indice tout au long de la puberté plutôt qu'à un moment donné.

Si vous êtes dans la moyenne de l'IMC, vous n'avez pas d'inquiétude à avoir, votre « poids idéal », celui que vous rêveriez d'avoir, dépend alors plus de votre propre appréciation que de normes médicales. C'est celui avec lequel vous vous sentez bien sans avoir besoin de vous affamer. Votre « bon poids » peut se situer en dehors des normes de référence en plus ou en moins. Le meilleur moyen de vérifier est de comparer votre courbe de poids avec la courbe moyenne du carnet de santé et de prendre en compte votre personnalité, vos souhaits et vos antécédents familiaux. Le poids idéal n'est pas un chiffre, mais une notion plus large.

Par exemple, si vous avez un problème de poids depuis l'enfance, vous ne connaissez pas par avance celui qui vous conviendra le mieux. Vous pouvez simplement le supposer en vous référant aux normes médicales. Par la suite, votre amaigrissement sera la découverte de votre propre notion de « bon poids ». Cette notion varie d'une personne à l'autre. Vous pourrez vous sentir parfaitement bien avec 5 kg de plus que votre amie, qui n'a pas le même passé, donc pas les mêmes références ni les mêmes exigences. En revanche, si votre malaise dû au poids est récent, vous avez déjà en tête vos références personnelles venues de l'enfance. Repensez donc aux jours bénis où vous vous plaisiez, où vous vous sentiez en pleine forme : quel était alors votre IMC ? Peut-être allez-vous en déduire que vos 3 kg de trop par rapport à cette époque vous gâchent la vie. Vous décidez d'en finir avec eux une fois pour toutes. Dernier cas : votre poids vous satisfait, l'aiguille de la balance n'a pas tendance à s'envoler. En revanche, vous voudriez changer certains aspects de votre silhouette actuelle. Faire fondre, par-ci, par-là, quelques rondeurs mal placées. Il vaut mieux prévenir que guérir, c'est précisément l'objet du chapitre suivant.

Chiffres

BON POIDS, BONNE MESURE

À vos calculettes !
Indice de Quetelet ou indice de masse corporelle (IMC) =
Poids en kg ÷ (Taille en mètre)^2
Exemple pour une jeune fille de 16 ans, qui mesure 1,60 m et pèse 55 kg. Son IMC se calcule de la façon suivante :
IMC = $55 \div 1,6^2 = 55 \div 2,56 = 21, 5$ (en arrondissant)
Cette jeune fille, bien que dans la norme de la formule de Lorenz (taille en cm – 100 – [taille en cm – 150 ÷ 2]), est à la limite supérieure de son indice de Quetelet (voir ci-dessous). Son poids est moyen, mais elle a certainement un aspect potelé parce qu'elle a trop de graisse. Elle aurait intérêt à faire du sport pour diminuer sa masse grasse.
Selon votre âge et votre sexe, les normes de l'Inserm sont les suivantes :

	12 ans	14 ans	16 ans	18-20 ans
Filles	17-18	19-20	20-21	20-21
Garçons	17	18-19	20	21

Signification des résultats de l'IMC :
Un adolescent est trop gros ou trop maigre lorsqu'il s'écarte de l'IMC de référence de plus ou moins 3. Par exemple, une fille de 14 ans avec un IMC de 23 a un léger surpoids. Au même âge, celle dont l'indice est de 16 est considérée comme maigre, puisque l'IMC normal est de 19-20.

PRÉVENIR LES RONDEURS

2

Kilos de plume, kilos de plomb, trop de fesses, trop de hanches… Ma copine entre dans la petite robe de taille 38 et pas moi, pourtant on a le même poids. Comment affiner ma silhouette ? Comment fondre aux endroits stratégiques ? Perdre un peu par-ci, un peu par-là, éliminer mes rondeurs sur les cuisses sans voir mes seins diminuer ? Avoir le ventre plat tout en gardant des fesses rebondies ? Mincir, d'accord, mais je ne veux pas être complètement « à plat », alors, croissance, carences, calories, vitamines, comment savoir ce que je mange ?

« *Je n'ai que 2 à 3 kilos à perdre, mais j'aimerais bien aussi avoir une silhouette plus mince. Je voudrais perdre du ventre et avoir une taille plus fine. Je ne trouve pas le temps de faire du sport en dehors du lycée parce que je fais déjà du dessin. Pendant le week-end, je suis souvent chez mon père, qui habite à 50 kilomètres, pas l'idéal pour s'inscrire dans un club de sport. La vérité, c'est que j'ai du mal à m'y mettre, surtout avec régularité. Je décide souvent de maigrir, d'ailleurs je me rends bien compte des calories que contiennent mes aliments préférés, mais je suis gourmande. Ce qui se passe d'habitude ? Tous les soirs, je me dis : "Demain, c'est fini !"* »

Maéva, 15 ans.

Mincir ou maigrir

Disons, pour simplifier, que mincir c'est perdre du volume sur certaines parties de son corps en sculptant sa silhouette différemment, et que maigrir c'est perdre du poids en se débarrassant de la graisse superflue. Ces deux aspects sont différents mais toutefois intimement liés.

En effet, vous pouvez souhaiter agir sur les deux, sur l'un ou sur l'autre parce que vous vous trouvez trop lourde ou trop grosse. Toute la question est d'arriver à un équilibre. Une harmonie entre le gras et le maigre, ou comment remplacer de la graisse par du muscle.

Abandonnez donc la logique habituelle qui consiste à avoir le réflexe de commencer un régime pour lutter contre vos rondeurs. Pensez plutôt qu'il faut augmenter votre masse maigre et réduire votre masse grasse. Ce sont les muscles (la masse maigre) qui déterminent l'esthétique de votre silhouette, et c'est la graisse (la masse grasse) qui lui nuit. Donc, pour savoir « comment mincir » ou « comment maigrir », il existe une même solution pour deux combats différents. Vous allez voir pourquoi votre meilleur allié tient en un seul mot : le sport.

Info

LES 7 CLÉS DE LA MINCEUR...

Ne jamais avoir faim
Varier son alimentation
Renoncer au grignotage
Ne jamais sauter de repas
Faire au moins 3 repas par jour
Prendre plaisir à manger
Privilégier le sport

Quel est le rôle du sport ?

Le sport va en effet vous construire une nouvelle musculature. Selon votre morphologie, certains endroits de votre silhouette resteront toujours rebondis, mais vous avez heureusement en main d'autres cartes à jouer.

Grâce à la pratique régulière d'un sport, vous allez pouvoir modeler votre corps avec une nouvelle donne de la répartition « gras/maigre ». Faites-vous une raison, vous n'avez pas d'autres solutions que le sport pour parvenir à l'équilibrer harmonieusement. Gardez bien à l'esprit que le but, c'est moins de graisse aux mauvais endroits et plus de muscles aux bons endroits.

Vous êtes convaincue des bienfaits de l'activité physique sur votre ligne et (ou) votre poids, mais vous vous dites que le sport n'a jamais été votre tasse de thé. D'ailleurs, le sport, c'est fatigant !

Dans ce cas, pas de demi-mesures, passez à l'acte ! Tout est bon pour que le sport entre dans vos mœurs. En premier lieu, comptez sur la force de l'habitude. Choisissez des sports qui vont faire partie de votre mode de vie (comme le roller ou le vélo). Au lieu de vous chercher des excuses (vous n'avez pas le temps, vous n'aimez pas le sport, votre surpoids vous gêne...), révisez vos classiques. Ainsi, la marche peut se pratiquer sans contrainte, par exemple en faisant du lèche-vitrines dans la rue (et non pas dans les rayons d'un grand magasin !). Et les quatre mille piscines du pays vous tendent les bras…

En désespoir de cause, pour vous donner le goût du sport, cap sur les stages « formule à volonté » pendant les vacances. Une semaine complète de plongée ou d'escalade changera votre vision des choses. Un stage est aussi prétexte à la découverte de sensations sportives inédites. Qui dit émotion, dit plaisir : de là à penser que vous pourriez y trouver votre compte, il n'y a qu'un pas. Alors, explorez l'inconnu en sortant des sentiers battus. Vous allez peut-être vous surprendre en devenant une accro de la plongée, du char à voile, du canoë-kayak ou, pourquoi pas, de l'escalade, de l'équitation ou de la spéléologie…

Sans même vous en apercevoir, le temps où vous considériez le sport comme une obligation vous paraîtra lointain. Sa pratique va contribuer à la construction de votre personnalité et faire partie de votre vie au même titre que les voyages, les rencontres, les activités culturelles ou associatives.

Chiffres

LES CALORIES DU SPORT

SPORT	DÉPENSE CAL/H	SPORT	DÉPENSE CAL/H
Course à pied	500	Escrime	400
Cross-jogging	300 à 600	Handball-basket	550
Marche lente	50 à 100	Football-rugby	400 à 500
Cyclisme	250 à 350	Ski alpin	600 à 900
Danse	150 à 300	Ski de fond	600 à 700
Patinage	600	Roller	350
Natation	200 à 450	Planche à voile	250
Tennis	300 à 800		

Bouger et mincir

Considérons d'abord qu'après avoir procédé à l'autobilan du chapitre 1, votre poids vous convienne.

Cependant, vous souhaitez une silhouette plus musclée et moins de rondeurs localisées à certains endroits critiques.

Un régime n'est pas une solution adaptée, car vous ne paraîtriez pas plus mince aux endroits où vous le voulez.

Votre solution pour mincir, c'est le sport. Sa pratique régulière va vous faire perdre du volume là où vous le désirez.

Néanmoins, sachez qu'un sport n'est efficace pour votre ligne que si vous le pratiquez au moins quarante-cinq minutes par séance, à raison de trois fois par semaine.

Si le sport ne vous attire pas particulièrement, vous pourrez tout de même y trouver du plaisir en construisant un programme d'« entraînement personnel » qui vous per-

Docu
C'EST TROP INJUSTE...

Les garçons peuvent manger plus que les filles, à l'adolescence et même à l'âge adulte. Cela s'explique par leur masse musculaire génétiquement plus développée et par leur puberté, qui se prolonge plus tardivement, jusqu'à l'âge de 19 ans par-fois. Ainsi, ils ont des besoins qui leur permettent de manger en quantité sans craindre de grossir, alors que vous devez surveiller votre alimentation dès l'âge de 15 ans sous peine de grossir, car vous ne grandissez plus beaucoup...

mettra de cibler des objectifs précis, comme affiner ou sculpter un point particulier de votre corps. De quoi assurer la motivation ! Ainsi, pour diminuer et raffermir le ventre, choisissez un sport qui fait travailler les abdominaux, comme la danse ou la natation. Pour galber hanches, fesses et cuisses, le vélo est recommandé, car il étire les muscles des cuisses et les fessiers. Là aussi, la natation est également très efficace, elle sculpte tout le corps, comme la gymnastique aquatique. Pour affiner vos jambes, le roller, en plus d'être pratique pour se déplacer, galbe les mollets tout en les affinant. Vous pouvez aussi opter pour la gymnastique. Sinon, comptez sur le jogging, le vélo ou encore et toujours la natation. Pour élancer votre ligne, pratiquez l'escrime, le volley-ball ou le basket-ball, qui allongent les muscles, donc la silhouette.

Bouger et maigrir

Pas de doute, votre autobilan vous a confirmé un excédent de poids. Cependant, pour celles dont le poids se situe en dehors des normes médicales, donc qui doivent perdre de nombreux kilos, la consultation d'un médecin est indispensable. Celui-ci vous aidera à établir un programme d'amaigrissement qui combinera, en temps et en heure, pratique sportive et régime, sans risque pour votre santé. Mais si vous voulez vous débarrasser d'un léger surpoids, le muscle n'attendra pas. Allier le sport et une nutrition équilibrée est la seule issue.

En effet, vous avez besoin d'énergie pour assurer votre « métabolisme de base », qui représente l'énergie minimale que vos organes consomment pour fonctionner. Il est différent pour chaque individu.

De l'énergie supplémentaire pour bouger votre masse musculaire lors de tout mouvement est nécessaire. Cette quantité d'énergie dépend de l'intensité et de la durée de l'activité physique ou sportive.

La matière première de cette énergie est contenue dans les aliments sous forme de nutriments. Ce sont les protéines, les glucides, les lipides, indispensables à la vie.

C'est la transformation de ces nutriments par la digestion qui dégage de la chaleur, c'est-à-dire de l'énergie. Sa valeur s'exprime en calories (cal) ou en kilocalories (Kcal) et en kilojoules.

La valeur calorique des aliments dépend des proportions respectives de protéines, lipides et glucides qu'ils contiennent. C'est pour cela qu'ils sont plus ou moins riches en calories.

De ce fait, plus vous êtes musclée, plus vous avez besoin d'énergie pour fonctionner et plus vous brûlez de calories, qui ne se retrouveront pas sur les cuisses. Les muscles favorisent ainsi l'amaigrissement, car ils consomment beaucoup plus d'énergie que la graisse.

Qui dit nutrition dit diététique

• **Comment « manger bien » ?**
Avoir une bonne diététique, c'est choisir une alimentation qui vous évite de grossir. La connaissance des différents nutriments et de leur valeur calorique respective, c'est-à-dire de la composition des aliments, est incontournable.

• Comment « bien manger » ?

Il faut suivre les règles de la nutrition, c'est-à-dire éviter des carences aux conséquences fâcheuses et rester en forme en respectant ses besoins en vitamines, sels minéraux et oligo-éléments. À l'adolescence, vous construisez l'essentiel de votre capital santé. Croissance oblige, votre masse musculaire augmente et votre squelette se bâtit, vous avez donc des besoins spécifiques différents de ceux des adultes. Pour couvrir ces besoins, la première précaution est d'avoir une alimentation variée pour assurer la présence et la complémentarité des différents éléments nutritifs.

La seconde précaution est de considérer que, parmi les aliments, certains groupes sont prioritaires parce qu'ils répondent à vos besoins de l'adolescence. Ce sont les fruits frais et les légumes, qui apportent les vitamines et les sels minéraux dont dépendent votre vitalité et votre forme. Mais aussi les produits laitiers, de même que les viandes, poissons, œufs, qui procurent le calcium, le fer et les protéines. Tous ces aliments participent à la construction de votre squelette et de vos muscles, à l'entretien et au renouvellement de vos cellules. Il faut donc connaître ses besoins pour les couvrir, mais éviter de les dépasser, sinon, gare aux rondeurs !

Les besoins en question

Les sels minéraux, les oligo-éléments, les vitamines et l'eau sont quatre catégories de substances indispensables à la vie. Ils ne contiennent pas de calories et ne fournissent donc pas d'énergie, mais ils ont une grande utilité biologique.

Les sels minéraux (comme le calcium) et les oligo-éléments (tel le fer) sont des éléments d'origine minérale. Cependant, comme votre corps les utilise de façon régulière, il faut en permanence réapprovisionner les réserves par une bonne alimentation.

• Le calcium

Parmi les sels minéraux dont le corps a besoin, le calcium est essentiel. Il intervient dans de nombreux processus tels que le fonctionnement du système nerveux ou la contraction musculaire (les carences en calcium se traduisent par des crampes). Si vous manquez de calcium, votre organisme puisera dans la « banque » constituée par votre squelette (les os renferment 99 % de la totalité du calcium de l'organisme) pour assurer ces fonctions vitales et fragilisera ainsi votre ossature. Cette réserve se renouvelle tout au long de la vie en ayant tendance à s'épuiser à mesure que le corps vieillit. Or l'adolescence est la période de construction de votre squelette, donc le moment où se forme cette réserve de calcium. Il faudra compter toute votre vie sur le patrimoine osseux que vous vous constituez pendant l'adolescence. À 20 ans, tout est pratiquement joué. À l'âge adulte, vous ne ferez qu'entretenir votre capital osseux, car il ne pourra plus augmenter, ni évoluer.

Pas assez de calcium et votre squelette sera moins résistant, plus sensible au vieillissement. La maladie caractéristique de cette carence est l'ostéoporose, une raréfaction du tissu osseux, qui expose les femmes aux fractures après la ménopause.

Pas de panique, vous pouvez vous fabriquer de beaux os si vous consommez dès maintenant au moins 1 200 mg de calcium par jour. Cette dose de calcium correspond à la consommation quotidienne d'un litre de lait ou de son équivalent en laitages. Vous couvrez vos besoins avec un produit laitier à chaque repas, à décliner sous des formes diverses et variées (yaourts, fromage blanc, etc.).

En dehors des laitages, pensez aussi aux plats préparés « maison », purées, quiches, tartes au fromage ou desserts qui contiennent des produits laitiers. Vous pouvez ajouter du lait en poudre dans du café ou du thé si vous aimez, mais

évitez la tentation du lait concentré sucré en tube : il est saturé de calories inutiles… sauf pour grossir !

Dernier point de votre plan d'attaque : avoir une activité physique régulière (c'est décidément incontournable !) est un facteur important. En effet, les sports de plein air favorisent la consolidation des os, car, sous l'influence des rayons ultraviolets du soleil, le corps fabrique de la vitamine D au niveau de la peau, qui aide à fixer le calcium dans l'organisme.

• Le fer

Autre substance à surveiller : le fer. C'est un oligo-élément qui compte, même si on ne le trouve qu'en petites quantités dans l'organisme. Constituant de base de l'hémoglobine (dans le sang) et de la myoglobine (dans les muscles), il est investi du rôle non négligeable d'acheminement de l'oxygène jusqu'aux cellules. Avec l'apparition des règles, surtout si elles sont abondantes, vous perdez du fer ; il peut donc vous arriver d'en manquer. Les signes sont une fatigue et une pâleur anormales, ainsi qu'une sensibilité aux virus (vous attrapez très souvent des rhumes). Dans ce cas, les remèdes consistent à prendre du fer en comprimés (prescrits par votre médecin), en complément d'une alimentation variée. La meilleure source de fer est la viande, suivie par les poissons, le jaune d'œuf et les abats, les fruits et les légumes frais. Vous pouvez sans remords zapper les épinards, dont la réputation est surfaite. Avec une ration de viande ou de poisson de 150 g par jour, vos besoins sont assurés. Mais attention : un régime végétarien vous fait risquer une carence en fer.

• Les vitamines

Les vitamines sont des substances d'origine organique que votre corps ne sait pas fabriquer. Elles sont présentes dans tous les aliments, mais aucun ne les contient toutes en quantité suffisante, d'où l'importance d'avoir une alimentation variée. L'absence de certaines vitamines, même momentanée, a des conséquences directes sur la santé. Les carences provoquent des troubles allant de la fatigue à des maladies plus graves (comme le scorbut, dû à l'insuffisance de vitamine C dans l'alimentation), rares de nos jours dans les pays développés. Les vitamines sont vitales, car elles interviennent au sein de chaque cellule de votre corps. Sans vitamines, le corps ne peut plus fonctionner. Parmi les multiples vitamines que contient une alimentation variée, certaines plus que d'autres méritent votre attention.

- La vitamine C : pour le tonus. C'est une barrière naturelle contre les infections (rhumes, bronchites...). Un apport régulier est recommandé, car elle est éliminée quotidiennement par l'organisme. Alors, pour être en forme consommez des légumes frais et des fruits riches en vitamine C, comme les oranges, les clémentines et les kiwis.

- La vitamine D : pour la croissance. Elle sert à maintenir dans l'organisme le calcium nécessaire à la minéralisation des os. Les aliments les plus riches en vitamine D sont l'huile de foie de morue, les poissons gras (comme la sardine ou le thon) et le jaune d'œuf.

- La vitamine B : pour le système nerveux. Vitamine d'origine animale, la B1 joue un rôle dans votre bien-être quotidien. Son insuffisance se traduit par de la fatigue et des insomnies.

Les B6 et B9 contribuent au bon équilibre du système nerveux. Les bonnes sources de vitamine B sont les céréales, le riz et le lait.

• L'eau

L'eau, enfin, est une substance essentielle qui représente de 60 à 70 % de votre poids. Elle assure de nombreuses fonctions dans l'organisme, aussi son apport quotidien ne doit pas être négligé : vous devez boire 1,5 litre d'eau par jour. Il est impossible de survivre au-delà d'un à deux jours sans boire. L'eau joue quantité de rôles, tous importants pour l'organisme. Elle intervient dans le transport des molécules énergétiques et des hormones, et aussi dans les échanges entre les cellules. Par ailleurs, elle permet l'élimination des déchets et des toxines par les urines. L'eau main-

SOS

FRAPPEZ À LA BONNE PORTE

L e nutritionniste est médecin, le diététicien ne l'est pas. Ils exercent dans des cabinets privés (tarif de base : 17,53 euros), mais certains pratiquent des honoraires libres (renseignez-vous auparavant), dans des centres spécialisés ou dans des hôpitaux (consultation : 22,87 euros). À vous de choisir lequel vous préférez consulter. D'après votre situation particulière et selon le nombre de kilos que vous avez à perdre, ils vous apprendront à « bien manger » et vous suivront pas à pas tout au long de votre amaigrissement.

Un nutritionniste est « un médecin spécialiste de la nutrition et des troubles qui l'affectent ». Il soigne donc les maladies liées à la nutrition comme l'obésité et les troubles du métabolisme pouvant en découler (le diabète, le cholestérol ou les troubles lipidiques). Il intervient le plus souvent lorsque le surpoids est grave.

Un diététicien est « un spécialiste de la diététique », la science des régimes alimentaires fondée sur la valeur nutritive des aliments. Il exerce une profession paramédicale (comme les kinésithérapeutes dans un autre domaine).

tient votre corps à une température constante grâce à la transpiration. La liste est impressionnante, c'est dire si les besoins en eau sont à considérer avec sérieux.

Les aliments en question

Ces sels minéraux, oligo-éléments et vitamines sont indispensables au bon fonctionnement du corps, mais ils n'apportent pas d'énergie à votre organisme. Seuls les aliments en contiennent, à travers les éléments de base qui les constituent et qui sont appelés des nutriments.

Vous ne pouvez pas contrôler votre équilibre alimentaire sans connaître au minimum la composition en nutriments de ce que vous mangez. Il n'y a pas de bons et de mauvais aliments ni de nutriments à éviter ou à privilégier, tous ont une valeur nutritionnelle spécifique, et c'est en les associant que vous parvenez à l'équilibre. Dans la pratique, cet équilibre passe par deux notions essentielles : la diversité et la juste quantité.

Un petit tour de la question va vous éclairer sur le sujet. Quel est le rôle des nutriments ? Comment organiser leur répartition ? Quel est le rôle des protéines, des lipides, des glucides ? Combien de calories valent-ils ?

• **Les nutriments**
Les nutriments (divisés en protéines, lipides et glucides) sont la matière première des aliments, mais ils ne sont pas répartis à parts égales. Ainsi, chaque aliment est caractérisé par un nutriment prédominant, ce qui est bien pratique pour s'y reconnaître, malgré quelques pièges à éviter (voir le chapitre 3). Votre organisme a besoin des trois catégories de nutriments, dont l'utilité est complémentaire. Certains nutriments sont dits « essentiels » car votre corps ne peut pas les fabriquer. Ils doivent donc être apportés par l'alimentation.

– Les protéines. Si vous manquez de protéines, vos muscles diminuent, et vous vous sentez très vite fatiguée. Vous trouvez les protéines dites d'origine animale dans les laitages, les viandes, les volailles, le jambon, les poissons, les œufs. Les protéines d'origine végétale sont présentes dans les céréales, le pain, les légumes secs.

– Les lipides (ou graisses). En cas de carence, votre cerveau sera plus lent à réagir, votre peau sera terne et sèche. Certaines de ces « graisses » sont très bonnes pour la santé, ce sont les acides gras essentiels présents dans certaines huiles (huile d'olive, de pépins de raisin) et poissons gras (saumon, thon). Les autres graisses, moins bonnes pour le régime et la santé en général, apportent beaucoup d'énergie, même lorsqu'on en consomme très peu. Ce sont celles contenues dans les charcuteries et les viandes grasses, les fromages, les huiles et les margarines, la crème fraîche, le beurre, le chocolat (donc aussi les gâteaux).

– Les glucides (ou sucres). Ils fournissent de l'énergie à l'organisme. Ils se divisent en sucres rapides et sucres lents ou complexes. Les sucres rapides sont appelés ainsi car ils sont brûlés très vite par l'organisme. Consommés en excès, ils sont transformés en graisse, qui va se loger aux endroits critiques. Vous les trouvez dans les fruits, les boissons sucrées comme les sodas, les bonbons, les confitures et les pâtisseries. Les sucres lents, digérés lentement, sont présents dans les féculents (les pommes de terre), le pain, les céréales. Ils fournissent l'énergie essentielle à l'organisme pour qu'il fonctionne.

Pour votre croissance et pour être en forme, il vous faut donc consommer des aliments riches en protéines. Quant aux rondeurs mal placées, elles seront évitées en limitant les grignotages, qui font consommer trop de sucre et de graisse. Et maintenant, encore un petit effort pour apprendre à compter la valeur calorique des aliments, et vous serez bientôt une championne de l'équilibre diététique !

• Les calories

Si les aliments ont un aspect qualitatif, ils ont aussi un aspect quantitatif. Ils n'ont pas tous la même valeur calorique parce que les fameux nutriments qui les composent ne dégagent pas tous la même quantité d'énergie. Si vous outrepassez votre consommation calorique, c'est aussi votre poids idéal que vous dépassez. Par exemple, à poids égal, du fromage blanc et du saucisson n'ont pas un montant équivalent de calories. Manger l'un ou manger l'autre n'a pas les mêmes conséquences sur le plan nutritionnel. Ainsi, manger 100 g de saucisson vous apportera 450 cal et surtout des lipides. Craquez sur 100 g de fromage blanc, même à 40 % de matière grasse, et vous ne trouverez que 115 cal et principalement des protéines, essentielles à votre organisme...

C'est la raison pour laquelle il est important de connaître la valeur calorique des grandes familles d'aliments (voir le Caloriscope).

Les lipides en excès étant néfastes pour la ligne, alors que les protéines sont nécessaires au bon fonctionnement de l'organisme, préférez le fromage blanc au saucisson.

Il ne s'agit pas de les calculer de façon obsessionnelle au quotidien. Pesez une ou deux fois votre ration de viande, de légumes et de féculents pour éviter les mauvaises surprises.

Notez pendant quelques jours le montant de vos calories sans rien oublier pour vérifier si vous ne dépassez pas vos besoins, ce qui expliquerait une prise de poids. Très vite, vous allez acquérir le réflexe de les évaluer de tête ou de regarder les étiquettes nutritionnelles sur les emballages. Vous ne verrez plus jamais du même œil le paquet de chips ou la poignée de cacahuètes, un petit signal d'alerte « Attention, danger ! » se mettra à clignoter dans votre inconscient. Vous êtes désormais armée pour pratiquer un self-control qui vous permettra notamment de compenser certains excès par une attitude raisonnable le lendemain.

Si vous n'avez pas de problème de poids et que vous ne voulez pas risquer d'avoir un jour à faire un régime, il est nécessaire de savoir, lorsque vous mangez un aliment, quels nutriments vous consommez et combien cela vous apporte de calories. Vous pourrez ainsi privilégier les protéines, les acides gras essentiels, les sucres lents et bannir les aliments qui contiennent des nutriments plus « nocifs ». En ce qui concerne les carences, ayez surtout à l'esprit que l'équilibre alimentaire dépend de la variété et de la complémentarité de ce que vous mangez. Cet équilibre ne se fait pas sur un seul jour mais sur une semaine ou plus. Alors, luttez contre la monotonie et restez sur vos gardes ! Vous avez besoin de toutes les familles d'aliments, mais… à la bonne dose !

Infos

UNE JOURNÉE IDÉALE EN NUTRIMENTS

Pour avoir la quantité de protéines, de lipides et de glucides nécessaire au bon fonctionnement de votre organisme, voilà ce que vous devriez manger quotidiennement sans risquer de déséquilibre :

2 fois par jour
– 1 aliment contenant des protéines (poissons, viandes, œufs)
(Vous avez besoin, par jour, d'environ 1 g de protéines par kilo de poids. Si vous pesez 60 kg, il vous faut 60 g de protéines, obtenus en mangeant 120 g de viande + 120 g de poisson.)
– 1 fruit, pour les glucides

3 fois par jour
– 1 aliment riche en calcium (un produit laitier ou du fromage)
– 1 légume ou 1 crudité, pour les fibres
– 1 aliment à base de céréales (comme du pain) + 1 féculent (riz, pâtes, pommes de terre), pour les sucres lents.

3

Sus aux bourrelets avant l'été! C'est décidé, je me mets au régime... Oui, je vais perdre mes kilos superflus! Enfin, j'en parle, j'en parle, mais comment faire? Est-ce que je vais tenir le coup? Suivre un régime, j'espère que ce n'est pas aussi contraignant que d'entrer en religion!

En tout cas, j'aimerais bien avoir le mode d'emploi parce que, pour moi, le régime, ce n'est pas une « mince affaire ». Quand manger, que manger pour me débarrasser de mes kilos sans être affamée? Je veux tout savoir pour y arriver!

« J'ai déjà essayé à plusieurs reprises de faire un régime, je suis inquiète parce que j'ai pris 10 kg en un an et demi à cause de petits problèmes psychologiques. Récemment, j'ai perdu rapidement 5 kg, tout le monde le voyait et j'étais heureuse, mais j'ai arrêté mon régime parce que j'avais tout le temps faim et que les sucreries me manquaient. Je sais qu'il faut avoir du courage, aller jusqu'au bout, c'est carrément difficile. Maintenant, je suis de nouveau motivée pour suivre un régime, mais pas n'importe comment. Je voudrais savoir quoi faire pour ne pas avoir faim, j'ai envie de perdre tous mes kilos. »

Alexia, 14 ans.

« En tant que garçon, j'aime les filles ni trop minces ni trop rondes. Je ne suis pas moi-même concerné par des problèmes de kilos en trop, mais je trouve que les formes c'est important. Quand je vois toutes les filles qui se "décarcassent" pour perdre 2 kg, ça me fait plaisir parce que cela prouve qu'elles ont envie de plaire. Il ne faut pas se le cacher, beaucoup de choses se jouent sur l'apparence physique. Alors, bonne chance les filles et... plaisez ! »

Istvàn, 18 ans.

Pour la bonne cause

Soyez sans illusions : malheureusement, personne ne s'est jamais endormi gros pour se réveiller mince !

Suivre un régime demande de la détermination, mais compter sur la seule volonté ne suffit pas. En effet, personne ne peut lutter en permanence contre soi-même et contre la nourriture.

Pour être couronnée de succès, l'envie de maigrir doit d'abord correspondre à une forte motivation intérieure.

Astuces

MESSAGES D'ENCOURAGEMENTS...

« **A**ide-toi, le ciel t'aidera », dit-on. N'hésitez pas à suivre ce bon principe en vous laissant des petits mots doux :
– un Post-it sur le frigo : « C'est bien, ma belle, tu sais résister » ;
– la photo découpée dans un catalogue ou un magazine de votre future robe d'été dans une taille « mini ». Écrire dessus : « Je ne te dis pas les ravages que tu vas faire dans cette robe » ;
– la promesse écrite de vous récompenser pour fêter la perte de vos trois premiers kilos : « Encore un effort, ma grande, et le rouge à lèvres est pour toi. »

Prendre à la hâte la décision de suivre un régime est facile, la suite le sera moins si vous n'avez pas vos propres bonnes raisons de vouloir maigrir. Essayez de les analyser. N'espérez jamais maigrir si vous y êtes poussée par quelqu'un d'autre que vous-même. Dans le pire des cas, vous seriez tentée d'entrer en rébellion et de faire le contraire. Concurrencer une amie ou faire plaisir à votre mère ne sont pas de bonnes raisons. Elles ne tiendront pas la route face à l'effort de volonté que demande un régime sur plusieurs mois. Vous n'accomplirez votre désir d'amaigrissement qu'en étant convaincue que c'est d'abord à vous-même que vous voulez plaire, pour des raisons qui ne regardent que vous.

Au bon moment

Pour atteindre ce désir intérieur, il faut parfois attendre un déclic causé par un événement extérieur.
Par exemple, un voyage va vous faire voir la vie sous un autre angle. Paradoxalement, être « étranger » aide à mieux se définir et à trouver son identité. Au retour, vous aurez déjà

changé et, dans la foulée, vous modifierez plus facilement vos habitudes alimentaires. En conclusion, toutes nouvelles données dans votre vie sont autant de bons moments pour mettre les voiles sur le cap de l'amaigrissement.

Autre événement, et de taille, qui peut motiver la mise en œuvre d'un régime : l'amour ! Lorsqu'on est amoureuse, on accepte tous les efforts pour plaire à l'élu de son cœur… Même les sacrifices liés à un régime…

Par ailleurs, le moment propice est soumis à des critères liés à la sensibilité individuelle.

On peut choisir d'entreprendre son régime au printemps, l'épreuve redoutée du maillot de bain se profilant à l'horizon. L'été peut-être, parce que la chaleur coupe l'appétit et qu'on mange léger. Pourquoi pas l'hiver, quand la pression des examens est moins grande et qu'on se sent d'humeur à résister aux fêtes pantagruéliques ? C'est selon votre propre personnalité.

La stratégie consiste à mettre toutes les chances de son côté en choisissant une période calme de quelques mois, sans changements spectaculaires ni motifs de stress, pour respecter plus facilement de nouvelles habitudes alimentaires. Vous atteindrez alors votre objectif dans les délais que vous vous êtes fixés.

Courageuse mais pas téméraire

Une fois votre motivation bien établie et solide, le moment est venu de faire le point. Dès la fin du chapitre 1 (« La balance et vous »), vous avez décidé du poids que vous aviez à perdre par rapport aux résultats de votre bilan et aux exigences que vous vous étiez fixées.

Il n'est pas plus compliqué techniquement de maigrir de 20 kg que de 3, mais, nuance importante, c'est évidemment plus long et surtout, pour perdre 20 kg, il faut vraiment être accompagnée médicalement.

Certaines luttent toute leur vie pour perdre quelques kilos en trop. D'autres arrivent à maigrir de la moitié de leur

poids en deux à trois ans avec un suivi médical. Gardez à l'esprit que le mental est primordial. Le courage ne se commande pas toujours. Mesurez bien le vôtre, car il serait inutile de présumer de vos forces. Demandez-vous maintenant si vous allez pouvoir atteindre votre objectif seule ou en étant « accompagnée ».

Vous voulez suivre un régime, mais avec un soutien psychologique pour vous aider à tenir la distance. Plusieurs choix s'offrent alors à vous :

– **Soit vous trouvez le soutien** dont vous avez besoin auprès de votre meilleure amie, qui est « de taille » à vous épauler. Si elle a décidé de suivre un régime en même temps que vous, c'est encore mieux, l'union fait la force.

– **Soit vous vous faites aider par votre famille**, qui est convaincue du bien-fondé de votre décision. Vous conseillez vos parents pour que toute la famille mange différemment, ce qui vous facilitera le régime au quotidien. Revers de la médaille, si vous avez un caractère très indépendant, vous pouvez vous sentir trop « surveillée ». À vous de voir.

– **Soit vous ne trouvez pas dans votre entourage** une aide suffisante pour tenir un régime ou vous ne faites pas assez confiance à votre discipline personnelle. Vous aurez cette aide en consultant un médecin nutritionniste ou un diététicien. D'une part, vous serez comprise ; d'autre part, grâce aux rendez-vous à date fixe, vous serez encouragée à respecter le régime. Vous devrez alors rendre des comptes à quelqu'un d'autre que vous-même, vous serez « prise en charge » (sans jeu de mots) et cela peut vous aider.

Second cas, votre moral est solide et votre détermination à toute épreuve. Vous vous sentez d'attaque pour démarrer seule un régime : allez-y en respectant les règles que vous trouverez dans ce chapitre.

Mon régime et moi

Celles qui veulent se lancer seules doivent procéder avec méthode. Interrogez-vous sur votre comportement habituel face à la nourriture, c'est-à-dire faites le bilan des points faibles de votre alimentation pour pouvoir les corriger.

• Comptez vos apports caloriques quotidiens
Première évaluation indispensable : notez vos apports caloriques sur plusieurs jours (voir les recommandations du chapitre 2). En toute bonne foi, on croit toujours manger moins qu'on ne le fait en réalité. Il est difficile d'évaluer les quantités et facile d'oublier la barre au chocolat ou la canette de Coca. Comment espérer réduire le montant de vos calories si vous ne le connaissez pas ?

• Ciblez vos grignotages
Quand, pourquoi et sur quels aliments (salés ou sucrés) craquez-vous ? Mettre le doigt sur ses faiblesses permet de les combattre plus efficacement. En effet, il vous arrive certainement de « piquer » dans le frigo, sans vous en apercevoir, un morceau de fromage par-ci, un biscuit par-là. Ces extrs n'ont rien d'innocent. Ils élèvent dangereusement le montant de vos calories sans que vous en ayez vraiment conscience.

SOS

À NE MANGER QUE DES YEUX...

Facture calorique des grignotages pleins de sucres et de graisses cachés :
1 barre type Mars, Lion, Bounty : 270 cal
1 bâtonnet glacé vanille-chocolat : 350 cal
1 pain au chocolat ou aux raisins : 280 cal
6 biscuits petits-beurre : 180 cal
1 croissant au beurre : 210 cal
1 mini-sachet de chips : 180 cal
1 poignée de cacahuètes : 240 cal
1 paquet de biscuits salés : 450 cal
1 éclair au chocolat ou au café : 300 cal
1 gaufre chantilly : 200 cal
1 soda : 140 cal
1 beignet : 200 cal
2 boules de glace + chantilly : 450 cal
1 rocher au chocolat : 150 cal
2 madeleines : 200 cal
1 tranche de brioche : 150 cal

• **Évaluez votre équilibre alimentaire**
Il faut savoir aussi comment se répartissent vos protéines, lipides et glucides sur la journée. Leur mauvaise réparti-tion est un facteur de prise de poids. Les lipides – par exemple fromage, friture, charcuterie – sont brûlés en quatre heures par l'organisme : mieux vaut donc ne pas en man-ger trop avant de se coucher. Vous n'auriez pas l'occasion de les dépenser pendant la nuit, ils risqueraient d'être stoc-kés à des endroits critiques.
Pour prendre conscience de vos éventuelles erreurs, notez sur plusieurs jours la composition en nutriments de chacun de vos repas. Il ne s'agit pas de calculer le pourcentage exact, mais simplement de déterminer à quelle catégorie

ils appartiennent (protéines, lipides ou glucides). Comparez ensuite cette étude avec les recommandations du chapitre 2 pour rectifier le tir si besoin est. Ce bilan est uniquement destiné à faciliter la conduite ultérieure de votre régime. Dernier point avant d'entrer dans le vif du sujet : pour vous donner du cœur à l'ouvrage, dites-vous qu'un régime est loin d'être une longue suite d'interdits. Il y a tant de belles choses à faire à volonté, comme rire, danser, chanter, aimer… Des conditions particulières d'usage qui devraient vous aider à rester stoïque et positive tout au long de votre régime.

La stratégie du régime

Il ne faut pas croire que tous les moyens sont bons pour faire la guerre aux kilos. Pour gagner le combat, il n'existe qu'un unique moyen : la diététique. C'est l'équilibre entre la juste quantité et la bonne qualité de votre alimentation, à adapter selon les circonstances toute sa vie, en y ajoutant de la vigilance et un brin de stratégie, résumée dans les 7 clés de la minceur !
Ce sont quelques principes de base indispensables pour mener à bien votre entreprise et rester mince. Une chose est sûre, si tout le monde les respectait, plus personne ne serait au régime.

• Ne jamais avoir faim
Un régime qui marche n'est jamais trop restrictif. Vous ne réussirez à maigrir qu'en respectant ce principe incontournable.
Alors, méfiez-vous de certaines croyances répandues, par exemple celles prônant le jeûne. Bien que pratiqué à la journée dans certaines religions (pour des raisons historiques), il ne trouve pas sa place dans le cadre d'un régime. L'amaigrissement est trop brutal, il provoque fatigue, troubles cardiaques et nerveux. Il induit aussi de dangereux bouleversements du métabolisme : hypotension, hypo-

glycémie… Poussé à l'extrême, le jeûne est assimilable à une grève de la faim qui peut avoir des conséquences irréversibles sur la santé.

Méfiez-vous aussi des méthodes miracles pour maigrir, qui sont en réalité des « contre-régimes ». Ce sont des régimes déséquilibrés et carencés (en vitamines, sels minéraux), trop pauvres en calories (vous n'avez plus assez d'énergie), qui fatiguent l'organisme. De plus, ils diminuent la masse musculaire aussi sûrement que la masse grasse parce qu'ils sont carencés en certains nutriments, comme les protéines.

Parmi tant d'autres, les régimes folkloriques – tels que les cures de fruits (bon courage pour avaler 3 kg de pamplemousses en une journée!), les « dissociés » (un seul type d'aliment à chaque repas) ou les diètes protidiques (rien que des protéines) – en ont affamé plus d'une sans jamais faire maigrir personne durablement.

• Réduire ses calories

Il n'y a pas de mystère, pour maigrir, il faut réduire la quantité de calories, mais pas trop, sinon vous maigrirez « à court terme ». La bonne stratégie, c'est la prudence.
En infligeant à votre corps des privations trop importantes, il se vengera dès qu'il en aura l'occasion. Votre métabolisme a une mémoire du nombre de calories que vous lui apportez habituellement. Quand vous arrêterez votre régime, votre organisme stockera donc en prévision d'éventuels nouveaux jours de disette : la nature est bien faite.
Scénario catastrophe : comme les restrictions draconiennes ne sont pas tenables, vous craquerez et reprendrez très vite votre poids initial… voire plus. Pour maigrir, vous devrez alors manger de moins en moins. Vous pourriez ainsi vous lancer dans la course à l'amaigrissement, en comptabilisant la moindre calorie de manière obsessionnelle.
Ne tombez pas dans ce cauchemar. Si vous voulez perdre de 2 à 3 kg par coquetterie ou pour vous sentir plus à l'aise, envisagez de réduire de 400 cal votre total quotidien, c'est bien assez. Donc, par rapport aux besoins de 2 200 cal par jour à votre âge, un objectif de 1 800 cal est suffisant. Il s'agit d'équilibrer vos apports sur une semaine. Si l'on

ASTUCES

VERSION MINI…

Jouez à la dînette ! Pour réduire votre appétit et vos portions, il faut tromper l'ennemi :
– Se servir dans une petite assiette mais la remplir abondamment pour avoir l'impression de bien manger.
– Adopter les mini-légumes, décoratifs et colorés (tomates cerises, mini-epis de maïs…).
– Croquer des bâtonnets de surimi (chair de poisson) et s'en servir pour des salades composées.

Allons ! C'est pour mon "régime dînette", je te rends tes couverts dans... 3 semaines...

absorbe 2 000 cal un jour, il faut réduire son alimentation les jours suivants pour atteindre une moyenne de 1 800 cal.

Vos besoins sont fonction de vos dépenses d'énergie (mode de vie plus ou moins sédentaire, masse musculaire, taille, poids). Ils varient donc d'une personne à l'autre.

Le calcul des calories n'est qu'une stratégie d'approche. Lorsque vous aurez adopté la vitesse de croisière de votre régime, ce ne sera plus la peine de les compter tous les jours. Si vous ne dépassez pas d'habitude les 2 200 cal, votre poids est nécessairement stable. A priori, vous n'avez pas un grand surpoids puisque vous n'excédez pas vos besoins.

Celles qui dépassent la barre des 2 200 cal ont des raisons de grossir. Si vous apportez d'habitude à votre organisme 2 400 cal en moyenne par jour, arriver à 1 800 cal n'est que mathématique : il faut réduire vos apports de 600 cal par jour. Faites une étape intermédiaire. Par exemple, commencez par descendre à 2 000 cal pendant deux semaines, puis réduisez à 1 800 cal jusqu'à la fin de votre régime.

Si vous êtes tous les jours au-dessus de 2 400 cal, cette stratégie n'est pas appropriée : direction le cabinet médical ! Réduire sa ration calorique demande une réelle prudence, et vous ne pouvez le faire ni brutalement ni indéfiniment.

En cas d'obésité familiale, il faut alors une prise en charge adéquate, car toute la famille doit changer son alimentation et suivre un véritable régime.

• Maigrir pas à pas

Une fois vos objectifs bien établis, la victoire est en vue. Pour vous donner du cœur à l'ouvrage, sachez que, selon votre métabolisme (vous n'y pouvez rien) et vos exploits sportifs (vous y pouvez quelque chose), ce petit régime hypocalorique va tout de même vous faire perdre de quelques centaines de grammes à 1 kg par semaine. Vous n'êtes donc pas au régime à vie puisque votre objectif va être atteint en un à trois mois si votre surpoids est modéré.

Toutefois, quelques semaines après le début, vous allez maigrir moins vite que prévu, car l'amaigrissement ne suit pas toujours une progression continue. L'organisme s'adapte par étapes. Tenez bon, vous continuerez nécessairement à maigrir si vous persistez à suivre votre régime.

La règle générale pour éviter le découragement est de résister à la tentation de monter sur la balance plus d'une fois par semaine. Et, surtout, soyez fidèle à votre propre balance ! Rien de plus déprimant que la balance de sa copine qui affiche systématiquement, pour quelque obscure raison, 3 kg de plus que la vôtre. En vous pesant plus d'une fois par semaine, vous pourriez être déçue par de faibles écarts de poids ou bien même constater avec surprise un gain de 1 à 2 kg !

Une simple constipation peut masquer votre perte de poids. Elle peut survenir si vous ne buvez pas assez ou si vous consommez peu de légumes verts et de fruits frais. L'autre facteur qui peut provisoirement cacher l'amaigrissement est le cycle menstruel. La période qui précède les règles se traduit parfois par 1 à 3 kg de plus sur la balance. La cause en est le « syndrome prémenstruel ». Il se manifeste par des douleurs abdominales, des seins tendus et un gonflement par rétention d'eau. Cette rétention explique une prise de poids, bien que tout rentre dans l'ordre après les règles. Si vous êtes victime de ce syndrome, il existe des traitements médicaux à prendre dans la seconde partie du cycle pour vous éviter tous ces désagréments (demandez à votre gynécologue).

Que manger au cours d'un repas ?

« Sans imposer trop de contraintes à toute la maisonnée, il a été assez facile d'orienter les achats alimentaires pour encourager les efforts de ma fille de 15 ans. Elle avait décidé de contrôler ses apports caloriques quotidiens et le type d'aliments qu'elle pouvait s'autoriser. Estimant légitime sa décision de réduire un excès de poids non catastrophique mais certain, il a été beaucoup plus délicat de rester présente sans endosser petit à petit un habit de censeur rigide.

Nous avons connu certains moments difficiles, car je m'étais prise au jeu, prenant trop à cœur ce régime et supportant mal ses écarts ou ses insuffisances. Nous avons retrouvé une certaine sérénité quand je me suis convaincue que ce régime était avant tout son affaire comme son choix et que je devais accepter l'inconstance de son attitude. Il est si difficile de devoir toujours résister !

La souplesse de ce qui devait rester un soutien m'a semblé être propice à l'aider psychologiquement et à éviter tous dérapages anorexiques ou boulimiques. »

Zoé A., mère de trois adolescentes.

Faites trois repas par jour et prenez un goûter. C'est la règle de base à respecter dans un régime. En effet, la seule façon de ne pas avoir faim, et donc d'éviter les grignotages, est de faire suffisamment de repas en les répartissant de façon régulière.

Bien répartir ses repas permet aussi de brûler les calories dans l'intervalle, par la digestion et les activités physiques qui consomment de l'énergie. Ne vous inquiétez pas trop des horaires, l'essentiel est de respecter le rythme des quatre repas. Les horaires dépendent avant tout de vos habitudes, de vos goûts et de vos contraintes, il n'y a pas de règle absolue dans ce domaine.

Il s'agit en outre d'équilibrer ses repas en nutriments, en privilégiant les protéines, les acides gras essentiels et les sucres complexes (voir le chapitre 2).

De plus, apprenez à compenser sur la journée : si vous avez pris des féculents à midi, mangez des légumes le soir.

Pour savoir ce qu'on peut manger au cours d'un repas, examinons de plus près la composition idéale de chacun d'entre eux pendant un régime.

• Le petit-déjeuner
Après le jeûne de la nuit, un petit-déjeuner copieux et équilibré ne vous fera pas grossir, et il ne faut jamais le négliger. Les calories qu'il apporte sont le carburant énergétique nécessaire pour ne pas ressentir le petit creux de 11 heures et pour être en forme jusqu'à midi. La sensation de satiété

CHIFFRES

UNE PROPOSITION ÉQUILIBRÉE

En admettant que vos habitudes au cours du régime vous confèrent la régularité d'une horloge, voici comment pourraient se répartir idéalement vos apports quotidiens en calories.
– petit-déjeuner : 400 cal
– déjeuner : 600 cal
– goûter : 200 cal
– dîner : 600 cal
Total : 1 800 cal

vous évite le grignotage. Cela paraît contraire à vos goûts et à vos habitudes ? Personne ne parle d'un petit-déjeuner à heures fixes, ni ne vous impose le modèle anglo-saxon avec force saucisses, œufs frits et pancakes ! Soyez flexible…
Un petit-déjeuner minceur doit comprendre, en plus du café ou du thé, un produit laitier, du pain ou des céréales, un fruit frais ou un jus de fruits. Parmi les produits laitiers, choisissez un yaourt, du fromage blanc ou un petit-suisse maigre. Si vous n'aimez pas particulièrement le lait, remplacez les céréales par quelques tartines de pain complet avec du beurre et même un peu de miel ou de confiture. Le fruit frais (orange, clémentine, kiwi, pamplemousse) vous apporte de la vitamine C pour la forme. Selon votre appétit ou si vous faites du sport le matin, vous pouvez ajouter un œuf dur ou à la coque, ou bien une tranche de jambon. En période de régime, quelques conseils diététiques ne nuisent pas :
– Limitez votre consommation de beurre à 10 g (une grosse noisette).

– **Préférez le pain complet.** Moins calorique et plus riche en fibres, avantage non négligeable, il vous « calera » mieux pour la matinée.

– **Privilégiez les protéines.** Œuf, jambon blanc, blanc de volaille sont vos alliés. Les protéines nécessitent beaucoup d'énergie au cours de la digestion (deux fois plus que les lipides, trois fois plus que les glucides), et elles ne se transforment pas en gras sur vos cuisses !

– **Pensez « écrémé ».** Pour vos yaourts et fromages blancs, l'addition calorique n'a rien à voir avec les produits au lait entier.

– **Introduisez un ou des fruits** dans vos habitudes matinales. Croquez, buvez ou dégustez tous les fruits qui vous font plaisir, pour la régénération cellulaire et les vitamines !

Peut-être ne prenez-vous jamais de petit-déjeuner ? Cela peut tenir à plusieurs facteurs que vous pouvez contrôler avec un peu d'organisation :

• **Vous n'avez pas le temps**
Prenez-le ! Toujours en retard le matin ? Vous pouvez, au choix, programmer votre réveil dix minutes plus tôt ou préparer votre petit-déjeuner la veille : thé, café, chocolat dans une Thermos, céréales et fruits sur la table, vous gagnerez du temps.

• **Vous ne pouvez rien avaler le matin**
Ne prenez que du liquide. Buvez un grand verre de lait, un yaourt liquide ou un verre d'eau et emportez avec vous les aliments solides, sucrés ou salés (fruit, œuf dur, sandwich). Cela vous évitera de craquer plus tard sur un pain au chocolat ou un croissant.

• **Votre dîner de la veille était trop copieux**
Dans ce cas, votre digestion n'est pas encore terminée au réveil. Inutile alors de chercher à tout prix à vous alimenter, aménagez vos horaires en prévoyant votre petit-déjeuner plus tard dans la matinée. Ainsi, vous vous sentirez bien mieux.

Bon plan
LES CALORIES DU BON PETIT-DÉJEUNER

Ne craignez pas d'atteindre les 400-450 cal au petit-déjeuner, mais faites un choix parmi tous les aliments « raisonnables ». Faites bien attention au nombre de calories, mais un petit-déjeuner reste important pour bien débuter la journée.

Exemples :

50 g de pain = 130 cal

10 g de beurre = 75 cal

100 g de fromage blanc = 50 cal

1 yaourt maigre = 50 cal

150 ml de lait écrémé = 75 cal

1 œuf dur ou coque = 75 cal

1 tranche de jambon maigre (40 g) = 70 cal

1 cuillerée de confiture ou de miel = 40 cal

1 bol de lait demi-écrémé + 30 g de corn-flakes = 225 cal

1 orange ou un verre de jus de fruits = 75 cal

1 kiwi = 40 cal

• Le déjeuner

Le déjeuner, souvent pris à l'extérieur de la maison, est le moment de tous les dangers. Soyez vigilante dans vos choix, mais surtout ne faites pas l'impasse sur lui.

Si vous déjeunez chez vous, suivre votre régime est facile, avec un minimum d'organisation. Respectez rigoureusement les consignes de l'encadré « Info », en achetant à l'avance, avec vos parents, ce que vous allez manger. En effet, rien de pire qu'un réfrigérateur vide pour détruire les bonnes résolutions ; vous foncerez sur n'importe quoi, paquet de chips ou camembert pour manger rapidement... En prévoyant votre repas, vous évitez le risque de craquer.

Si vous déjeunez à la cantine, même si ce n'est pas un vrai self, vous avez sans doute un double choix d'entrées, de plats principaux et de desserts. Alors, pas de panique ! Même si les repas sont riches en féculents au détriment

Info
UN DÉJEUNER IDÉAL CHEZ SOI

Le déjeuner idéal se compose d'une entrée, d'un plat principal et d'un dessert. Le plat principal comprendra de 100 à 120 g de viande ou de poisson pour les protéines, de 150 à 200 g de crudités ou de légumes cuits, de 100 à 150 g d'un féculent (soit 3 pommes de terre, de 5 à 6 cuillerées à soupe de pâtes ou de riz). Ajoutez à cela un morceau de pain, une petite portion de fromage ou un dessert lacté.

des légumes, ils sont généralement équilibrés. L'astuce est de sélectionner ce qu'il y a de moins gras parmi les plats proposés.

– **En entrée, boudez la charcuterie,** les quiches, les friands ou les bouchées à la reine et les œufs mayonnaise. Choisissez plutôt des salades qui ne sont pas trop assaisonnées ou, l'hiver, un potage, une bonne soupe.

– **En ce qui concerne le plat principal,** veillez à ce qu'il contienne des légumes et un féculent, mais cuisinés le moins possible en friture. Par exemple, le couscous (viande, légumes, blé) est sans conteste préférable aux saucisses accompagnées de frites. Le poisson avec purée est un meilleur choix que les boulettes de bœuf grasses accompagnées de pommes de terre sautées. En règle générale, fuyez les plats qui baignent dans la sauce. En revanche, vous pouvez sans problème accompagner vos repas d'un morceau de pain.

– **Fromage ou dessert?** Prenez l'un ou l'autre, pas les deux, surtout si votre plat principal était copieux. Portez votre choix sur les yaourts ou les fruits, les pâtisseries industrielles n'étant définitivement pas faites pour votre régime. En conclusion, il ne dépend que de vous que le self ne soit pas un lieu de perdition.

– **Si vous déjeunez à l'extérieur du lycée,** parce que votre temps est vraiment compté ou bien parce que vous préférez vous changer les idées en allant vous promener ou en déjeunant au café avec les copines, il se peut que vous ne consommiez que des graisses, et ce pour fort cher ! Par exemple, en mangeant un simple sandwich (voir plus loin « Les démons du régime »), votre ration de protéines sera trop faible, les sandwichs ne contenant généralement que 50 g de jambon ou de poulet. Vous aurez l'impression de ne pas avoir beaucoup mangé, mais vous aurez faim dans l'après-midi ; alors, le soir, en rentrant chez vous... En période de régime, ce type de déjeuner doit donc rester occasionnel, car alors manger équilibré revient vraiment cher. Donc, au café, après un choix judicieux qui fait place aux protéines et aux crudités, misez sur les salades, les omelettes ou même le croque-monsieur. Comme aller chaque jour au café revient cher, la seule solution est alors d'anticiper. Inventez votre sandwich perso au jambon maigre, volaille ou rosbif, avec moutarde et cornichons pour remplacer la mayonnaise, ou une petite portion de beurre si vous préférez. Des œufs durs, des fruits, votre salade à base de crudités ou de taboulé, votre quiche maison composeront un déjeuner léger équivalant à un repas équilibré.

• Le goûter

Goûter est le plus sûr moyen de tenir jusqu'au dîner. Le goûter est un vrai repas, il représente aussi un sas de décompression après les cours. Alors faites une pause détente en vous accordant un plaisir raisonné en quantité convenable. Si vous avez envie d'un yaourt ou d'un fruit, c'est parfait, mais si vous ne pouvez pas tenir sans manger de chocolat, eh bien, mangez un peu de chocolat. Ce n'est pas du grignotage, c'est un goûter.

Si vous avez bien équilibré vos deux premiers repas de la journée, il n'y a pas de raison que vous dévoriez au goûter. Optez pour des formules sans risques. Parmi les fruits, choisissez bananes, pommes, cerises, mandarines, prunes, nectarines et tous les autres fruits de saison. Pour vos boissons, une canette de Coca light, un verre de lait ou un Yop, une petite bouteille d'eau aromatisée. Côté gourmandise, une crêpe, une tartine de pain grillé, des carrés de chocolat noir ou une barre de céréales par exemple...

• Le dîner

Le dîner est un repas incontournable, car il est pris la plupart du temps en famille. Vous avez peut-être entendu dire qu'il devait être léger ? C'est à nuancer, sachant que c'est un repas la plupart du temps équilibré par les soins de vos parents, donc, normalement, pas nocif pour le régime. De toute façon, vous n'allez pas vous mettre à l'écart de votre famille parce que vous êtes au régime ! Le dîner minceur se décline sur le modèle du déjeuner, c'est-à-dire entrée, plat principal et dessert.

En principe, vous avez mangé équilibré jusqu'au dîner, mais, si ce n'est pas le cas, c'est l'heure d'ajuster le tir et de compenser. Par exemple, si vous n'avez pas pris de laitage du tout au goûter, un yaourt ou du fromage en supplément le soir complétera votre dose de calcium.

Le potage contient des légumes et apporte une sensation de satiété qui calme votre faim pour la suite du repas. Le gratin au fromage (encore pour le calcium) avec une salade verte est un repas complet, ne prenez pas alors de fromage avant le dessert. Le plat unique, hachis Parmentier, bœuf bourguignon, paella ou autres, est à la fois convivial et bien dosé en protéines, lipides et glucides. Une entrée n'est plus nécessaire. Voici quelques trucs pratiques pour dîner en famille :

– **Ne pas grignoter avant le repas :** imposez-vous cette discipline nécessaire sous peine de voir vos formes s'arrondir à votre insu.

– **Ne passer à table que lorsque vous avez faim :** négociez avec diplomatie l'heure du dîner. Il s'agit d'avoir faim, mais pas trop non plus, pour ne pas dévorer au cours du dîner !

– **Ne pas vous resservir** (même pour faire plaisir à votre grand-mère) : maîtrisez le contenu de votre assiette en étant à l'écoute de vos besoins. Si vous n'avez plus faim, dites clairement et gentiment non.

Faut-il boire beaucoup au cours d'un régime ?

Il faut boire au moins 1,5 litre d'eau par jour en temps normal, et d'autant plus lors d'un régime. Contrairement à une idée répandue, boire ne fait pas maigrir, mais peut y contribuer. Cela favorise l'élimination des déchets que le corps brûle quand il maigrit.

Ayez toujours une bouteille d'eau à portée de main. De l'eau du robinet, que vous pouvez aromatiser en ajoutant du citron ou des feuilles de menthe, ou de l'eau minérale (Vittel, Contrex, Hépar, etc.). L'eau gazeuse contient beaucoup plus de sodium (sel) : elle favorise la rétention d'eau dans le corps. Si vous avez tendance à gonfler facilement (surtout en seconde partie du cycle menstruel), évitez les boissons gazeuses en général.

L'eau pure préserve intact le goût des aliments et n'ouvre pas

Info
MINCEUR

POTAGE
Un potage de légumes, avec du gruyère râpé, va vous rassasier rapidement. Excellent pour le goût et l'équilibre nutritionnel.

POISSON
Les poissons (tous, sauf le saumon, le thon, les sardines) contiennent très peu de lipides, donc de calories, entre 70 et 110 pour 100 g.

FRUIT
La pomme est le fruit minceur par excellence (60 cal en moyenne). Elle est riche en fibres et agit comme un coupe-faim.

VOLAILLE
Le poulet, comme toutes les volailles, est à privilégier, car moins riche en graisse que les autres viandes, mais ne consommez pas la peau.

LAITAGE
Un yaourt au lait entier contient autant de graisse qu'une cuillerée de crème fraîche. Préférez les yaourts à 0 % nature ou aux fruits.

l'appétit, contrairement à l'alcool ou aux boissons sucrées. Ceux-ci sont d'ailleurs à bannir absolument dans le cadre de votre régime. Évitez le Coca et les sodas (voir plus loin « Les démons du régime »), ainsi que certaines boissons trompeuses, car pleines de sucre, comme le thé glacé aromatisé, qui n'a de thé que le nom. Choisissez du lait écrémé ou demi-écrémé à la place du lait entier qui, s'il ne contient pas plus de calcium, est beaucoup plus riche en graisse.

Existe-t-il des « trucs antikilos »?

Les « trucs antikilos » sont des astuces qui vont vous aider à tenir le coup dans les moments critiques de votre régime. Tout est bon pour éviter de glisser sur la mauvaise pente. La liste des trucs n'est pas exhaustive, à vous d'en inventer au gré de votre imagination.

– Coupez-vous l'appétit à peu de frais
Ayez le bon réflexe en vous remplissant l'estomac à peu de frais lorsque la faim se fait sentir avant le repas. Boire à volonté de l'eau plate ou aromatisée (on en trouve dans le commerce à l'orange, au citron vert, à la menthe) est un truc efficace. Pensez aussi aux jus de fruits pressés et aux milk-shakes perso (lait écrémé + fruits). Ne négligez pas non plus les tisanes et les infusions, ainsi que les potages et bouillons de légumes.

– Réduisez les graisses au jour le jour
Assaisonnez vos salades avec des sauces « maigres » (qui contiennent peu de graisses) et soyez vigilante sur le mode de cuisson des aliments. De la graisse en moins tous les jours, c'est toujours ça de gagné pour le régime et de perdu sur les cuisses !

– Consommez des féculents à chaque repas
Des féculents lors d'un régime? Parfaitement! Le riz, les pâtes, les pommes de terre aident à maigrir. Avec eux, pas de risque de petits creux, ils coupent l'appétit, car leur digestion est longue. On les appelle des glucides complexes ou sucres lents. L'énergie qu'ils apportent n'est pas mise

directement en réserve sous forme de graisse mais est employée intelligemment par votre organisme, qui en répartit l'utilisation sur plusieurs heures, vous avez donc de l'énergie disponible sur la durée.

– Donnez-vous du temps pour manger
Si vous mangez lentement, vous aurez l'impression de manger copieusement car la sensation de satiété arrivera plus vite. Bien mastiquer évite aussi les ballonnements qui donnent la sensation désagréable d'avoir pris 3 kg d'un coup. Par ailleurs, un repas est un moment de détente, alors ne mangez jamais debout, même pour une petite collation. Prenez le temps de vous concentrer sur les aliments pour en apprécier toute la saveur… Un bon moyen pour détourner votre attention des portions régime de votre assiette !

– Les faux amis du régime
Vous vous dites que, pour réussir à maigrir, il faut mettre toutes les chances de son côté, en utilisant édulcorants, sucrettes et faux sucre en poudre, qui sont autant de calories en moins ? N'est-il pas préférable de fumer une cigarette plutôt que prendre un dessert ?

•Prudence, prudence…
Le sucre en lui-même n'est pas nocif, c'est son excès qui est source de prise de poids. Remplacer le sucre de votre café par des édulcorants, pourquoi pas, à condition de ne pas tomber dans la caricature. Cela ne sert en effet à rien si vous oubliez qu'une simple canette de Coca ruine vos efforts de la journée. De plus, une suppression totale du sucre a des effets pervers. Vous en auriez une envie accrue par compensation, alors que normalement un régime réduit cette envie.

En conclusion, soyez maligne à bon escient en utilisant par exemple du faux sucre pour confectionner un dessert allégé. Vous aurez alors le plaisir sans toutes les calories…
Le tabac n'est ni ami ni ennemi du régime, il est votre ennemi tout court. Fumer n'a jamais fait maigrir, mais ruine à coup sûr la santé. Le tabac entraîne une dépen-

dance aussi dangereuse que celle d'une drogue. La sagesse est donc de ne pas commencer.

Fumer un paquet de cigarettes par jour consomme 200 cal, aussi est-il vrai que statistiquement les fumeurs pèsent moins que la moyenne.

Avoir les mains occupées évite peut-être quelques grignotages, mais, d'un autre côté, le tabac pousse à manger plus gras et plus sucré en raison de la perte de l'odorat et de la diminution du goût des aliments qu'il provoque. Il appelle à consommer plus d'excitants comme le café ou l'alcool, qui ouvrent l'appétit. Comme pour les édulcorants, les calories économisées d'une part sont regagnées de l'autre. Risquer sa santé en fumant n'apporte donc aucun bénéfice pour la ligne. Au contraire, cela ne peut que mettre votre ligne en péril. Ainsi, lorsque vous voudrez arrêter de fumer, il ne vous sera possible d'éviter une prise de poids qu'en surveillant de près vos grignotages et en faisant beaucoup d'exercice physique pour compenser ces maudites 200 cal brûlées par la cigarette.

Y a-t-il des aliments interdits ?

Il n'y a pas de bons et de mauvais aliments. En matière de régime, s'il est interdit d'interdire, il est fortement conseillé de choisir ! Si aucun aliment ne fait maigrir, certains, consommés en trop grande quantité ou trop fréquemment, font grossir. Il ne s'agit pas de supprimer totalement un aliment, mais il faut s'accorder les plus gras ou les plus sucrés avec parci-

Info
CHOCOLAT

Le chocolat, c'est le plaisir à l'état pur. Alors, choisissez-le selon votre goût, au lait, blanc ou noir. Les différences de calories ou de sucre et de graisse ne sont pas assez significatives pour qu'on se torture l'esprit à faire des calculs savants.

Mais il n'est pas superflu pour sa culture générale de savoir que plus un chocolat est dosé en cacao, moins il contient de sucre, et que le chocolat noir contient trois fois plus de magnésium (utile en cas de fatigue).

	CHOCOLAT AU LAIT	CHOCOLAT NOIR	CHOCOLAT BLANC
Calories	535	493	550
Protides	7,2 g	5 g	8,1 g
Lipides	57 g	54,5 g	57 g
Glucides	30 g	27,5 g	31,4 g
Magnésium	55 mg	140 mg	27 mg

Oui ! vous pouvez manger du chocolat en période de régime, une barre ou même la moitié d'une tablette au goûter si vous savez vous limiter à cette dose plus que correcte (par exemple 250 cal). Dans ce cas, dégustez-le en solo et concentrez-vous sur ce plaisir sans y ajouter aucune autre gâterie. (Tableau extrait du *Guide de la nutrition de l'enfant*, Dr P. Serog, Éditions Seuil Pratique.)

monie. La pratique d'un régime malin consiste aussi à privilégier les aliments qui apportent peu de calories sous un gros volume (comme les légumes ou le fromage blanc). Un estomac plein vous évitera de ressentir votre régime comme une punition. Moins de frustrations permet de mieux résister à la tentation.

Les démons du régime

Preuve est faite que, pour perdre du poids, il faut diminuer sa ration calorique, donc choisir ses aliments. Le piège est que certains ne sont pas aussi innocents qu'ils en ont l'air. Ils contiennent, de manière « cachée », des sucres et des graisses.

Ce sont des aliments « gras-sucrés », qui forment l'essentiel des grignotages. Vous craquez plus rarement pour des filets d'anchois ou des cornichons au vinaigre que pour des barres chocolatées, des glaces ou des chips...

• Le démon n° 1 du régime s'appelle le sucre

Les sucres des grignotages sont des « sucres rapides », qui produisent de l'énergie rapidement. Revers de la médaille : consommés en quantité supérieure aux besoins quotidiens, ils se transforment très vite en graisses de réserve, prisonnières de vos capitons. Autrement dit, vous favorisez ainsi l'apparition de la cellulite. Il ne sert à rien de faire du sport ou de se masser avec des crèmes anticellulite si, à côté, vous mangez trop sucré.

Il n'est pas trop difficile de reconnaître les sucres que sont la confiture, le miel ou le sucre de table. En revanche, on ne pense pas toujours que les sodas ou certains jus de fruits ont une redoutable teneur en sucre (voir encadré). Lorsque vous achetez une bouteille de jus de fruits, regardez sa composition. La teneur en glucides ne doit pas dépasser 3 %.

Ainsi, une petite bouteille de soda équivaut à 8 morceaux de sucre. Un litre de Coca, d'Orangina ou autres en contient de 16 à 20 et un litre de certains jus de fruits 20 morceaux !

Notez que les sodas amers comme le Schweppes ne sont pas moins sucrés. On comprend aisément pourquoi il faut bannir ces boissons en période de régime.

• **Le démon n° 2 ou les graisses cachées**

Il faut d'abord noter que les graisses ou lipides sont deux fois plus caloriques que les sucres : 9 cal/g au lieu de 4. Une diminution de la consommation de graisses entraîne donc une réduction calorique non négligeable pour le régime. Par ailleurs, les graisses sont immédiatement stockées et procurent peu la sensation de satiété. Si vous ne mangez qu'un croissant le matin, à coup sûr vous aurez faim deux heures plus tard.

Les graisses d'origine animale ou végétale, comme l'huile, le beurre, la mayonnaise, la charcuterie, sont visibles à l'œil nu, donc faciles à limiter dans le cadre d'un régime.

Les autres se cachent parfois là où on ne les attend pas. Certaines viandes comme l'agneau ou le porc sont très grasses. Les fromages, les plats cuisinés, l'avocat, les fruits secs (amandes, noisettes, cacahuètes), les pâtisseries et le chocolat le sont également. Vous craquez pour des sucreries sans savoir que vous mangez surtout des graisses.

Par exemple, un croissant cache 2 morceaux de sucre plus 1,5 cuillerée à soupe d'huile, et deux boules de glace représentent 4 morceaux de sucre et 1 cuillerée à soupe d'huile ! C'est la raison pour laquelle ils sont si dangereux pour votre ligne. Au risque de décevoir les fans de chocolat, vous ne pouvez ignorer qu'il contient lui aussi des graisses. Il n'y a aucune issue, c'est pareil pour le chocolat allégé ! Seul le sucre a été remplacé par de l'aspartam...

• **Le démon n° 3 se nomme alcool**
7 calories par gramme d'alcool ! Pas de doute, l'alcool fait grossir et n'apporte rien d'intéressant sur le plan nutritionnel. Heureusement, à votre âge, très peu d'entre vous boivent régulièrement. Méfiez-vous cependant des cocktails à base de jus de fruits et des boissons appelées « prémix » (whisky, rhum ou gin avec du Coca ou du soda). Ces mélanges se boivent facilement, car le goût de l'alcool est masqué, mais, finalement, vous n'échappez ni aux calories ni à l'ivresse. D'autres boissons alcoolisées, comme la bière, vous paraissent peut-être moins dangereuses pour la ligne. Il n'en est rien : une canette de bière (33 cl) représente tout de même de 100 à 150 cal selon la marque. Si vous en buvez plusieurs fois par semaine, faites le calcul !

Au cas par cas

Au quotidien, impossible de ne pas rencontrer tôt ou tard ces fameux « démons du régime », notamment si vous sortez manger souvent à l'extérieur. Interrogez-vous sur la meilleure stratégie à adopter pour ne pas remettre en cause votre progression.
Vous pensez que votre volonté de maigrir et vos habitudes alimentaires sont incompatibles ? Ou que, dans certains cas particuliers, il va être difficile de maîtriser votre amaigrissement ? Rien n'est insurmontable si l'on analyse les situations au cas par cas. Des conseils pratiques vont vous aider à trouver vos propres solutions.

Il vous arrive d'avoir des petits creux, vous avez faim et vous manquez soudain d'énergie. De plus, vous vous sentez mal et vous avez des sueurs. Dans le pire des cas, cela peut conduire à l'hypoglycémie (baisse du taux de sucre dans le sang) et à la perte de connaissance. Il est donc important que vous vous interrogiez sur l'origine de ces fringales.

– Vous avez sauté un repas ? Et dérogé ainsi (mais c'était une exception !) à l'une des règles d'or du régime ? Votre corps manque alors de l'énergie suffisante pour continuer à bien fonctionner. Soyez organisée. Lorsque vous ne pouvez pas faire un vrai repas, prévoyez de petites collations réparties de façon régulière dans la journée. Si celle-ci s'annonce longue, préparez des encas à emporter, avec des boissons.

– La composition de vos menus est à revoir ? Votre dernier repas était peut-être trop léger ou composé uniquement de sucres rapides (sodas, jus de fruits, viennoiseries…). Ces derniers sont très vite assimilés par l'organisme et induisent en retour cette fameuse hypoglycémie qui provoque votre malaise.

Bien manger aux repas, veiller à leur équilibre et à leur

structure est la solution pour éviter la sensation de faim et vous sentir en forme. S'ils comportent des glucides lents, comme du pain, une portion de riz, de pommes de terre ou de pâtes en quantité raisonnable et cuite en évitant les graisses, alors, plus de problème. Vous tiendrez jusqu'au repas suivant.

– Vous vous ennuyez ? La solution d'urgence consiste à prendre votre sac de sport et à vous précipiter en dehors de la maison. Mieux vaut vous dépenser physiquement ou faire une longue balade avec votre chien que de vous distraire en puisant dans le frigo. Vous êtes épuisée au retour ? Après l'effort vient le réconfort ! Un bon bain chaud et parfumé, un livre passionnant à lire sous la couette, un film avec les copines, un thé fumant avec quelques carrés de chocolat noir… la liste est loin d'être exhaustive.

– Vous aimez aller au fast-food. Et pourquoi pas ? Les McDonald's et autres fast-foods sont entrés dans vos mœurs, ce qui ne signifie pas pour autant qu'ils soient diaboliques. Le fast-food peut être top si vous en aimez l'ambiance et le goût, mais moins top pour la nutrition. Lorsque vous le fréquentez avec assiduité, il faut être prudent dans le choix des formules proposées. Optez pour des combinaisons peu caloriques. Faites l'impasse sur les aliments « danger ». Renoncez aux frites, aux sauces cocktail, au Coca, aux brownies ou autres chaussons aux pommes. Les bons exemples de formules légères existent, vous ne mourrez pas de faim pour autant. Déclinez-les donc sans remords. Si c'est occasionnel, accordez-vous ce plaisir sans remords, vous compenserez le jour suivant. N'oubliez jamais que l'équilibre alimentaire ne se fait pas sur un seul repas mais sur plusieurs jours.

Chez les amis, ouvrez l'œil ! Vos amis ne sont pas toujours complices ni dans la confidence de votre régime. Quelques astuces peuvent limiter les dégâts d'un dîner amical, certes, mais copieux.

– **La première consiste** à se servir de tous les plats en petite quantité et à ne pas se resservir. Ensuite, mangez et buvez le plus lentement possible, vous gagnerez du temps. Finalement, vous aurez beaucoup moins mangé que les autres. Ni vu ni connu, vous n'avez pas l'air d'être au régime, mais vous avez évité le pire.

– **Autre astuce : grignotez !** Pour la bonne cause cette fois, avant de vous rendre au dîner. Mangez une pomme, un yaourt ou même une soupe. Le but est de vous couper l'appétit, car vous risquez d'avoir très faim en passant à table à une heure tardive. Vous vous jetteriez alors sur les biscuits apéritifs que vous devez éviter. Prétextez que vous avez déjeuné tard lorsqu'on vous en proposera. Ce ne sera que la vérité puisque vous aurez pris une collation juste avant.

– **Il y a resto et resto.** Resto chinois, fast-food, crêperie, pizzeria, brasserie ?

Ils ne remettent pas tous en cause votre objectif de la même façon. Le restaurant chinois, grâce aux modes de cuisson à la vapeur, est moins risqué que la crêperie, par exemple. En règle générale, chaque fois que vous le pouvez, prenez un bon plat principal et un dessert à base de fruits ou un sorbet. C'est nettement plus raisonnable que le schéma traditionnel, entrée, plat, fromage, dessert. Un plat de pâtes ou une pizza ne sabordera pas vos bonnes résolutions si vous ne terminez pas par une glace monstrueuse. Une salade de fruits sera à la fois plus rafraîchissante et plus inoffensive. Au restaurant comme ailleurs, le choix des plats est entre vos mains. Alors, ne vous culpabilisez pas, le restaurant, c'est la fête.

« Quoi faire ? j'ai craqué ! » Qu'est-ce que vous appelez « craquer » ? Vous vous êtes jetée sur la tablette de chocolat dans un moment de déprime ? Vous avez vidé le frigo de tout son contenu ? Il faut tout de même distinguer le petit écart et l'accès de boulimie (cette attitude est décrite dans le chapitre 4). Pas de panique. Si vous avez craqué pour un paquet de caramels ou trois esquimaux, votre addition calorique est sérieuse, mais ses conséquences ne sont pas catastrophiques. Quelque 600 calories de plus ce jour-là vont vous empêcher de maigrir. L'aiguille de la balance ne s'envolera pas pour autant, sauf si vous renouvelez l'expérience les jours suivants.

Au pire, votre balance accuse de 1 à 2 kg de plus le lendemain. C'est fâcheux mais trompeur. Tout ce que vous mangez ne se transforme pas systématiquement en graisse. Vous n'allez payer qu'une partie seulement de votre erreur, car vous ne mettrez en réserve qu'un quart de ce poids si vite acquis. Le reste (le transit intestinal et la rétention d'eau provisoire) sera vite éliminé. Et puis, bien sûr, la reprise de votre « régime attitude » va bientôt en effacer toutes traces visibles.

MAINTENIR LE CAP

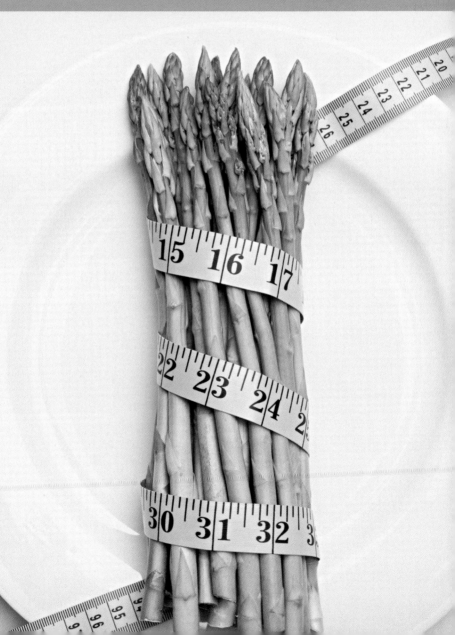

4

Ça y est ! Je suis arrivée à la fin de mon régime, je me sens bien dans ma peau et j'ai envie que ça dure. Pas question de me frustrer en permanence, de me priver des petits plaisirs de la vie pour maintenir ce poids si chèrement acquis !

Mais si je craquais maintenant ? Faut-il que je continue mon régime à vie, que je mange comme avant, que j'alterne diètes et fiestas ?

Je sais bien que ma volonté a des limites et qu'en cas de stress je vais me jeter sur le chocolat. Que faire pour que tout ne soit pas à refaire ?

En finir avec le régime

« Un jour, j'en ai eu assez d'être grosse, je l'étais depuis longtemps. J'ai fait un régime toute seule en pensant à ce que ça pouvait m'apporter, je savais bien que je me sentirais mieux. Pour me soutenir, je m'imaginais l'image que j'aurais après. Je suis arrivée à perdre beaucoup de kilos, je ne veux pas dire combien. Dans ma famille, on parle de régime depuis toujours, donc, je sais ce qu'il faut manger ou non. Maintenant, ça va beaucoup mieux, je suis contente, mon poids est stable et j'arrive à le contrôler. Je ne mange plus du tout comme avant, je surveille plus les aliments, pas toujours la quantité. Quand je fais les courses avec ma mère, je choisis en regardant les étiquettes sur les emballages. Je ne mange plus de chocolat ni de charcuterie, mais, le week-end, je me fais des petits plaisirs. Je pense que je ne regrossirai pas parce que je n'ai plus envie de manger comme avant, je me suis habituée. »

Marine B., 13 ans.

Le régime, d'accord, à condition de savoir s'arrêter. Pourquoi avez-vous commencé ? Pour parvenir au poids qui vous convient et vous débarrasser du problème une fois pour toutes. Suivez désormais une hygiène de vie qui vous garantisse une minceur « longue durée ». Vous avez fait preuve de beaucoup de volonté pour parvenir à vos fins, ne la retournez pas à présent contre vous-même. Préservez-vous des dangers que représentent les différentes formes d'excès de cette volonté de maigrir.

Le premier danger serait d'oublier ce qu'est un bon équilibre alimentaire et de vous remettre à manger n'importe quoi, n'importe comment. Un jour ou l'autre, prise de remords au vu de la balance, vous décideriez de vous remettre au régime.

Infos
L'ÉNERGIE EST DANS L'ASSIETTE

Le truc des grands sportifs ? Se concocter une assiette de pâtes avant une épreuve (heure H moins 3) pour s'assurer une énergie en continu. Légères, toutefois, avec une noix de beurre ou un filet d'huile d'olive et un peu de gruyère râpé pour les papilles.

En période d'examens, mettez l'accent sur les fruits frais (oranges, kiwis, fraises, mangues) pour la vitamine C, qui donne de l'énergie, et sur les céréales et les fruits secs pour le magnésium, qui favorise l'équilibre nerveux.

C'est le premier pas dans un engrenage qui s'appelle le phénomène du « yo-yo ».

Il consiste à alterner toute sa vie « régime » et « bouffe ». On perd 3 kg, on en reprend 4, donc on suit de nouveau un régime qui fait perdre 2 kg, et on en reprend 3 ! Entre deux périodes de régime, on oublie les règles élémentaires de l'équilibre alimentaire. Et, comme on est désespérée, le réflexe est de se lancer sans discernement dans n'importe quel régime aberrant.

Or ces régimes, finalement, font grossir. D'une part, ils sont déséquilibrés et trop restrictifs, ils provoquent fatigue et nervosité par manque de vitamines et de sels minéraux. D'autre part, les contraintes qu'ils imposent sont incompatibles avec une vie normale. En maltraitant votre métabolisme, ces régimes induisent un effet « rebond » du poids. En effet, votre corps a une mémoire. Si vous l'affamez, le métabolisme s'adapte en réduisant ses dépenses énergétiques. Il apprend à fonctionner en mode « économique ». Quant aux frustrations qu'ils provoquent : intenables ! Elles donnent envie de se jeter voracement sur la nourriture. Vous grossissez plus sûrement de cette manière, et votre corps finit par s'abîmer. Vous avez moins de muscles, plus de cellulite et même des vergetures, car la peau se distend avec les variations de poids.

Régimes de tous les dangers

Sachez vous arrêter pour éviter un autre danger encore plus grave, celui de la griserie de l'amaigrissement. Les deux visages de cette spirale infernale sont l'anorexie mentale et la boulimie.

Chez certaines (les filles en sont victimes à 95 %), les difficultés de l'adolescence prennent une tournure dramatique et deviennent des troubles graves. Ils se manifestent par un dérèglement total du comportement alimentaire, qui traduit une grande souffrance psychique.

• L'anorexie

L'anorexie est le refus de s'alimenter par peur de grossir. Maigrir devient alors une obsession qui envahit tous les instants de la vie. Une anorexique compense un mal-être souvent inconscient par le contrôle absolu d'elle-même au travers de son alimentation. En apparence, une victoire qui donne un sentiment de toute-puissance et même de bien-être, d'où le manque d'inquiétude des anorexiques sur leur état de santé, qui est pourtant mauvais (maigreur extrême, perte des dents et des cheveux). C'est, hélas, tout le contraire d'un triomphe : cette maladie est un enfermement dans une extrême solitude qui coupe de la réalité. De la réalité sociale, parce qu'il n'est plus question d'accepter le moindre dîner familial ou amical. De sa propre réalité aussi, parce qu'on perd ses repères. L'anorexique se trouve obèse alors que son poids atteint celui d'un enfant de 8 ans et que ses formes ont disparu, ainsi que ses règles. Ces troubles sont souvent masqués par l'hyperactivité, l'absence de fatigue et la réussite scolaire. Pour soigner cette maladie, une prise en charge par un psychothérapeute est nécessaire. Il fixera des objectifs à atteindre par le biais naturel de l'alimentation et passera un « contrat de poids » avec la patiente. Lorsque la situation est trop grave, la seule issue est une hospitalisation avec une séparation totale de son univers familial. Pas de courrier, pas de téléphone, pas de visites jusqu'à l'obtention d'un poids convenu.

• **La boulimie**

La boulimie, quant à elle, est une impulsion irrépressible qui pousse à manger de grandes quantités de nourriture rapidement et sans discontinuer. En cachette toujours, car, contrairement à l'anorexie, elle provoque un sentiment de honte plutôt que de toute-puissance. Cependant, 50 % des anorexiques sont aussi victimes de crises de boulimie, car la lutte incessante contre la faim n'est pas toujours tenable. Elles tombent alors dans l'excès inverse.

Les boulimiques ne sont pas toujours grosses. Elles utilisent tous les moyens à leur disposition pour compenser leurs excès : usage abusif de médicaments laxatifs, mais surtout, plus efficaces, vomissements. Après la crise suit un état de torpeur et de malaise, avec un dégoût de soi et un sentiment de culpabilité.

Quel cycle infernal, avec son cortège de méfaits sur la santé ! Épisodes dépressifs, tentatives de suicide, complications

SOS

ANOREXIE, BOULIMIE : LES SIGNES D'ALERTE

Les conséquences biologiques et psychologiques de l'anorexie et de la boulimie sont très graves. Ces troubles du comportement alimentaire conduisent parfois à la mort (dans 10 % des cas). Mieux vaut donc réagir le plus vite possible. Tout l'entourage d'une personne « malade » est concerné. En effet, une prise en charge globale, nutritionnelle, psychologique, individuelle et familiale est nécessaire.

Pour aider la personne et peut-être éviter que ses troubles ne deviennent durables, il faut agir à temps en reconnaissant les signes d'alerte :
- refus de prendre ses repas en famille sans raisons objectives réelles ;
- phases de privation volontaire alternant avec des périodes de « gavage » ;
- restrictions alimentaires très ciblées (tri des aliments gras comme les viandes, les fromages, le beurre) et refus de toutes les graisses en général ;
- abus de laxatifs et vomissements, qui sont plus difficiles à démasquer.

Il est important de ne pas perdre de temps en minimisant ces comportements : plus les symptômes s'installent, plus ils seront difficiles à soigner.

Alors, si vous constatez que votre sœur ou votre amie en est victime, n'admirez pas sa maigreur, mais rendez-lui service en avertissant ses parents, sans honte ni culpabilité. Leur rôle sera d'alerter le médecin de famille ou le pédiatre, qui les dirigera vers des spécialistes de ces maladies.

dentaires et digestives (à cause des vomissements) sont fréquents. Il est aussi difficile de se sortir de la boulimie que de l'anorexie parce que ces conduites s'apparentent à une toxicomanie.

Stabiliser son poids

Cet aperçu catastrophique décrit des pathologies. Toutefois, il est fait pour vous informer des déviances du régime, qui ne touchent heureusement pas toutes celles qui ont fait ou feront un régime ! Il doit simplement vous faire prendre conscience qu'un régime n'est pas à prendre « à la légère ». Et si un régime est une chose sérieuse, pour éviter de tomber dans les pièges du « yo-yo », de l'anorexie ou de la boulimie, il faut veiller à stabiliser son poids une fois le régime terminé. L'« après-régime » demande encore de la vigilance, la période de stabilisation du poids est extrêmement importante. L'organisme a besoin de se réadapter à une nourriture plus copieuse et plus riche (raisonnablement, bien entendu). Votre corps a été en quelque sorte frustré par rapport à ses besoins courants de 2 200 calories par jour (plus ou moins, selon vos activités physiques). Si, tout à coup, vous l'abreuvez de nourriture, il va se rattraper et faire des réserves (de graisse, hélas !), au cas où vous songeriez à restreindre de nouveau un jour l'apport en nourriture.

La période de stabilisation doit, dans l'idéal, durer autant que votre régime. Si ce dernier a duré un mois, prévoyez de réintroduire progressivement, au cours des quatre semaines de stabilisation, les aliments que vous avez évités pendant le régime. Commencez par ceux qui sont sans grand danger pour l'équilibre alimentaire, et non pas des plats en sauce ou des sucreries.

Par exemple, la première semaine, mangez tel jour un morceau de fromage supplémentaire si c'est votre péché mignon, un autre jour le liégeois qui vous tente depuis longtemps. La deuxième semaine, accordez-vous le pain au chocolat qui vous narguait lorsque vous passiez devant la boulangerie à 8 heures du matin (la frustration sera ainsi réglée pour un certain temps). La troisième semaine, cuisinez pour une bande de copains affamés votre fameux chili con carne avec des chips mexicaines et du guacamole épicé en apéritif. La quatrième semaine, resservez-vous enfin sans complexe de la mémorable blanquette familiale. Ce fait restera tout de même exceptionnel, car, en règle générale, vous savez qu'il faut manger de tout mais avec modération.

Il faut donc rester vigilante et contrôler vos pulsions, la transition doit se faire en douceur. Pesez-vous par prudence à la fin de chaque semaine pour « rectifier le tir » si besoin est, en diminuant la semaine suivante votre apport calorique. Si, à l'issue de cette période de stabilisation, vous avez pris quelques centaines de grammes, ce n'est pas une catastrophe. Le poids est toujours soumis à des variations sans conséquences de 500 g à 1,5 kg.

Aménager sa vie au quotidien

L'esprit « minceur » n'est pas un travail mais un état d'esprit. Pour ne pas regrossir, il faut aménager sa vie quotidienne. Il est possible de manger ce dont vous avez envie, car vos désirs ont sans doute changé au cours de votre régime. Votre goût pour le sucre a diminué : normal. Moins

vous en mangez, moins vous en avez envie (attention, dans le sens inverse, c'est aussi vrai). Vous allez désormais vous « réconcilier » avec la nourriture et avec vous-même.

• **Cesser de lutter contre la nourriture**
Au contraire, il faut s'en faire une alliée en toutes circonstances. Celles de votre vie de tous les jours en premier lieu. Les petits « extra » font partie de l'existence et contribuent à votre équilibre psychologique, car vous ne vivez pas seule mais en société.
Faites aussi confiance à votre corps pour établir un rythme alimentaire équilibré. Manger quand on a faim et s'arrêter quand la satiété est là. En cas d'agapes trop rapprochées, envisagez exceptionnellement les substituts de repas qu'on trouve en pharmacie pour remplacer un repas par jour, mais jamais plus et seulement pendant un jour ou deux, pas plus longtemps. Ces produits ne sont pas des aliments complets, seulement des compléments. Ils manquent de vitamines, d'oligo-éléments, par exemple. Ils se présentent sous forme de biscuits, boissons aromatisées, barres chocolatées. Attention, cependant, à leur composition. Leur efficacité dépend de leur teneur en protéines, qui déclenche l'élimination des graisses stockées par l'organisme tout en évitant la fonte musculaire.

• **Continuer à « brûler »**
L'autre aspect de la « gestion minceur » du quotidien est de prendre l'habitude de brûler le plus de calories possible.
Vous pesez moins, donc votre organisme a besoin de moins d'énergie, c'est-à-dire de calories, pour faire fonctionner la machine. En effet, il a moins de poids à transporter lors de vos activités journalières ou sportives, aussi l'énergie qui lui est nécessaire est diminuée d'autant. Ne vous économisez donc pas, montez l'escalier plus que de coutume ou descendez à une station de métro plus éloignée pour marcher un peu.
La démonstration est plus évidente avec un exemple concret. Si votre poids est de 55 kg, il vous faudra mar-

cher 74 minutes par jour pour perdre 1 kg en un mois. Si vous pesez 68 kg, il ne faudra marcher que 58 minutes quotidiennement pour perdre 1 kg en un mois. Cela explique, entre autres, qu'on perde plus de poids au début d'un régime. Conclusion : les minces ne doivent pas se reposer sur leurs lauriers mais continuer à se dépenser. Tout bien pesé, ce qui est important est que ces bonnes habitudes compensent les petits extra.

• **Adapter son alimentation aux circonstances**
Avoir l'esprit minceur, c'est aussi adapter son alimentation aux circonstances particulières, comme une compétition sportive ou une période d'examens.
Pratiquer un sport de manière intensive demande une alimentation différente pour assurer le supplément d'énergie nécessaire à l'effort. Pour faire fonctionner ses muscles, votre organisme puise en effet son énergie dans les réserves d'éléments glucidiques (exercice intense de courte durée) et dans les réserves de graisse (exercice prolongé). Il vaut mieux suivre certaines règles pour fabriquer des réserves d'énergie. La veille d'une compétition, prenez un dîner plus copieux que d'habitude, à base de glucides lents comme des pâtes, du riz, des céréales. Prenez un dernier repas trois heures avant l'épreuve en veillant à ce qu'il soit léger pour éviter le travail de digestion pendant l'effort. Boire beaucoup avant, pendant et après est primordial, car l'effort physique fait transpirer et donc entraîne des pertes d'eau très importantes. Si vous pratiquez un sport de fond, buvez régulièrement par petites quantités.
Consommez des sucres sous forme de fruits secs pour apporter de l'énergie rapidement utilisable. Pour une pratique sportive « en amateur », c'est-à-dire une ou deux séances par semaine, ne doublez pas vos portions. Une alimentation équilibrée classique est suffisante. Les périodes d'examens ressemblent, elles aussi, à une compétition spor-

Info

Bon à savoir

Si vous mangiez 2 pains au chocolat chaque jour, vous pèseriez 9 kg de plus à la fin de l'année ! Donc, en période de stabilisation, limitez-vous à un extra de cette sorte par semaine.

Infos
STABILISATION SUR UNE SEMAINE

Si vous suiviez un régime de 1 800 cal par jour, augmentez votre apport journalier par paliers (1 900 cal/jour la première semaine, puis 2 000, 2 100 et 2 200 cal). Ainsi, pour passer à 1 900 cal par jour, faites votre moyenne sur la semaine (100 cal x 7 jours = 700 cal/semaine). Voici, à titre d'exemple, comment procéder en réintroduisant chaque jour un aliment, sans changer la composition de vos repas. Faites de même pour les autres semaines de stabilisation, en cumulant.

Lundi	+ 30 g de fromage de chèvre = 1 800 + 100 cal
Mardi	+ 1 portion de beurre (10 g) = 1 800 + 90 cal
Mercredi	+ 1 yaourt sucré aux fruits = 1 800 + 130 cal
Jeudi	+ 1 pain au chocolat = 1 800 + 280 cal
Vendredi	+ 0 (vous avez dépassé la veille)
Samedi	+ 2 boules de sorbet = 1 800 + 100 cal
Dimanche	+ 0 (vous avez déjà atteint vos 700 cal)

tive, et la durée des épreuves à un marathon. Il n'y a pas dans votre assiette de recette magique pour réussir un examen, mais vous mettrez toutes les chances de votre côté en respectant une alimentation comparable à celle qui est conseillée pour la pratique d'un sport intensif. Vous arriverez ainsi devant votre feuille blanche en étant au top de votre forme physique. Méfiez-vous des excitants comme le thé ou le café. Ils masquent la fatigue provisoirement, et il vous en faudra de plus en plus pour « tenir » : vous risquez donc le « contrecoup ». Préférez de l'eau pure ou du jus d'orange, à la teneur garantie en vitamine C.

Faire face au stress

La stabilisation de son poids est soumise à des aléas au quotidien. Qu'est-ce qui peut vous empêcher de maintenir le cap de la minceur ? L'angoisse, l'inquiétude, le mal-être… le stress !

Il en existe deux variantes dont les effets sont complètement différents. Un « bon » stress qui vous donne des ailes et un « mauvais » qui vous tire vers le bas. Le « bon » agit comme un stimulant, de l'adrénaline est produite par votre cerveau pour vous mettre en alerte et vous pousser à réagir avec plus d'intensité dans certaines situations.

Par exemple, lorsque vous avez peur, vous ressentez physiquement un stress : battements plus forts de votre cœur, sueurs, mains moites. Votre corps et votre esprit réagissent, parfois avant même que vous perceviez le danger. Dans ce cas, le stress vous protège fort à propos. Il peut aussi vous aider à vous dépasser. Le trac avant une épreuve intellectuelle ou sportive (à moins qu'il n'ait la mauvaise idée de vous paralyser complètement!) vous révèle souvent à vous-même, parce que le bon stress est positif. Le psychisme a des capacités insoupçonnées dont nous n'utilisons souvent qu'une infime partie.

Le « mauvais » déstabilise, heureusement de manière provisoire dans la majorité des cas. Il engendre des sentiments négatifs et fragilise votre capacité à réagir. Un conflit, une déception sentimentale ou, plus grave, un deuil mobilisent vos forces mentales et les épuisent. Surviennent alors la tristesse, la fatigue et la déprime parfois, qu'on combat comme on peut. Certaines ont envie de crier ou de pleurer, d'autres de manger. La nourriture devient une consolation. Cette attitude de dépendance, moins dangereuse que certaines conduites à risque tels l'alcoolisme ou le tabagisme, n'en est pas moins très dommageable pour la ligne. Elle relève de l'autopunition : plus vous allez mal, plus vous mangez, mais ensuite, un regard vers le miroir, et vous avez toutes les chances de vous sentir encore plus mal sans avoir rien résolu.

Si vous êtes sujette à cette conduite, essayez de cerner précisément par une petite introspection ce qui la provoque en lisant l'encadré SOS.

Mais être stressée ne signifie pas obligatoirement être déprimée de manière profonde. Comme tout le monde, vous êtes confrontée à des périodes de stress sans gravité dans la vie quotidienne. La façon de répondre à ces stress plus ou moins importants dépend de votre volonté à les régler positivement. Le stress peut se « gérer » (ne souriez pas à ce langage un peu « business »), et c'est là que vous pouvez intervenir.

Demandez-vous quand et pourquoi vous vous sentez plus particulièrement vulnérable. Puis réagissez en prenant de la distance. Une démarche antistress, en trois étapes, peut vraiment vous aider :

– Accepter une situation plutôt que de la fuir : un conflit évité ne veut pas dire résolu. La politique de l'autruche du type « tout va très bien » ne fait illusion qu'un moment. Vous vous fragilisez encore plus par cette attitude et, au moindre stress supplémentaire, vous risquez d'être débordée par la violence de vos émotions.

Par exemple, si vous êtes en conflit avec votre mère ou avec un professeur, reconnaissez qu'il y a un problème au lieu de le subir, de le nier ou de considérer que tout va très bien. Si vous ne le faites pas, tôt ou tard, vous éclaterez en sanglots, vous entrerez dans une « colère noire » ou bien vous viderez le frigo aux dépens de votre silhouette. Acceptez d'appeler ce genre de réaction par son nom : comportement compulsif. C'est la première étape pour refuser l'idée de régler vos problèmes au travers de la nourriture, et ne plus confondre « avoir faim dans son corps » et « avoir faim dans sa tête ».

– Évacuer le stress en trouvant des dérivatifs au lieu de se remplir de sucreries. Pour la bonne cause, racontez vos malheurs à qui veut bien les entendre ; ruminer des pensées

SOS

DEMANDER DE L'AIDE

Il se peut que vous ayez des raisons d'être profondément déprimée si, par exemple, votre situation familiale, scolaire ou sentimentale est très conflictuelle. Peut-être avez-vous un sentiment permanent de solitude et d'angoisse. Ne vous enfermez pas dans la douleur, il faut aller parler avec un psychothérapeute. Adressez-vous à votre médecin de famille ou consultez les Pages jaunes de l'annuaire pour avoir des adresses près de chez vous. Et n'hésitez pas à « essayer » plusieurs psys pour trouver celui avec lequel vous aurez le meilleur contact. Ce n'est qu'un petit pas à franchir pour un grand mieux-être. Vos proches ou vos amis, malgré tout leur amour et leur bienveillance, n'ont pas toujours les clés pour vous venir en aide.

négatives fait grossir. Il ne s'agit pas de décharger ses angoisses sur les autres mais de mettre des mots sur les maux. Alors, passez une heure au téléphone avec votre meilleure amie s'il le faut (tenir compte du futur stress de la facture téléphonique car elle sera peut-être salée!). Tout autre dérivatif de votre choix sera aussi le bienvenu.

– Surmonter l'épreuve en trouvant des solutions positives. Partez du principe que toute expérience est enrichissante, que le négatif engendre toujours du positif. Une déception, un échec, et l'horizon paraît bouché à jamais? Au contraire, secouez les dés pour les relancer.

Si vous devez redoubler une classe, il est normal que votre fierté soit malmenée et votre humeur chagrine. Mais ne vous enfoncez pas encore plus la tête sous l'eau en prenant 10 kg par dépit. Tirez les conclusions qui s'imposent et dites-vous que l'année suivante sera positive. Vous serez plus à l'aise dans vos études, ce qui vous laissera du temps pour vous occuper de vous. Le stress du moment peut devenir aussi une chance pour l'avenir. Qui sait s'il ne va pas vous permettre de prendre une orientation scolaire qui correspond mieux à vos goûts?

Croquer la vie à pleines dents

L'antistress absolu, le fin du fin de l'esprit minceur est de croquer la vie à pleines dents et de s'adonner à la volupté. On peut même imaginer dix commandements pour soigner son ego à des fins altruistes en faisant, c'est une condition sine qua non, la part belle au plaisir. Ce ne sont pas des lois du « bien-penser », mais simplement des suggestions...

1. Ton corps, tu aimeras

Cessez de maltraiter le premier objet qui vous tombe sous la main, c'est-à-dire votre corps. Votre corps, soignez-le, bichonnez-le, cajolez-le, ce n'est pas de l'égocentrisme mais du respect envers vous-même.

2. À toi d'abord, tu penseras

Sachez dire non à ce qui ne vous convient pas. Un refus, comme une demande, clairement et gentiment formulé de votre part, ne met jamais en cause vos rapports avec autrui, mais, au contraire, les facilite. Personne ne sera offensé ou

ne vous rejettera parce que vos goûts ne sont pas les siens ou parce que vous n'avez plus faim. Sachez dire fermement « C'est moi qui décide ».

3. Les frustrations, tu oublieras

Ne vous mortifiez pas, sous peine de perdre votre joie de vivre et votre ligne. Les frustrations sont redoutables pour votre moral, et, comme tout se passe dans la tête, vous auriez vite fait de les compenser rageusement et ainsi de prendre quelques kilos.

4. Le mot « régime », tu banniras

Jetez comme un Kleenex le mot « régime » après avoir scrupuleusement lu ce livre (mais pas le livre lui-même !). Adoptez à la place l' « équilibre personnel », c'est-à-dire votre propre définition d'un bien-être permanent, qui peut être différent des normes imposées. Quelques kilos de plus que celles qui étalent leur maigreur à la une des magazines ? Où est le problème ? vous avez une image plus flatteuse que cela de vous-même.

5. Exigeante, tu deviendras

Au lieu de subir des repas imposés, bousculez les habitudes en participant activement au ravitaillement de la maison. Arpentez en famille les marchés et supermarchés avec une liste préétablie, de préférence le ventre plein pour éviter de succomber aux tentations. Par la même occasion, sélectionnez les produits les meilleurs et les plus frais. En matière de choix culinaires, comme dit le proverbe, « on n'est jamais mieux servi que par soi-même ».

6. Aux bonnes choses, tu goûteras

Régalez-vous, ce n'est pas un péché. Mieux vous mangerez, moins vous mangerez, les aliments sucrés et insipides s'avalent sans même y penser et ne rassasient pas. Faciles à avaler, le kilo de pop-corn et la bouteille de Coca devant la télé, mais ne vous étonnez pas d'être victime du célèbre syndrome américain du *couch potatoe* (« patate de canapé »). Parions que vous ne mangeriez pas aussi facilement un kilo de quasi de veau aux morilles, mais 200 g au maximum (sans parler de la valeur nutritionnelle complètement différente, bien sûr).

7. Faire la cuisine, tu sauras

Devenez un « chef » de la cuisine minceur pour votre plaisir et celui des autres (cependant, n'attendez leur reconnaissance qu'après un peu de pratique). Ainsi, vous vous affirmez, vous exprimez votre goût et vous le formez. Pas mal, mais encore ? La cuisine, c'est avant tout le plaisir de faire plaisir. La « bonne bouffe » a une dimension affective (voir la madeleine de Proust), elle est pleine de la pensée de celui ou de celle qui l'a préparée. Faire la cuisine est un acte de convivialité, de partage et d'amour, un savoir-faire que vous transmettrez. Pas de détour, vite à vos fourneaux !

8. De nouveaux goûts, tu exploreras

Soyez à la recherche de nouvelles sensations culinaires pour éviter la monotonie. Si la cuisine fait appel à tous vos sens, elle en appelle aussi à votre sens de l'imagination. Vous avez mis au point des plats élaborés ou simples, mais qui sont unanimement reconnus comme vos propres « spécialités », c'est déjà très valorisant. Maintenant, il s'agit d'étonner par votre créativité. Et si vous conviiez votre famille à des dîners à thèmes ? Mangez romain en cuisinant du porc aux figues et au miel : à n'en pas douter, votre réputation en sortira grandie.

9. Les plaisirs, tu cultiveras

Mangez des yeux, humez, salivez par avance. Partez du principe que le contenant est aussi important que le contenu, décorez donc à tout crin, de l'intérieur de l'assiette à la table elle-même.

Par ailleurs, est qualifiée de gastronome toute personne qui sait reconnaître et privilégier le plaisir dans l'acte de manger. Donc, sans en arriver comme certains à vous mettre une serviette sur la tête pour ne pas perdre une once de senteur, concentrez-vous un minimum avant d'entamer un plat. Comme pour tester un vin, un certain rituel ne nuit pas. Un temps d'arrêt permet à vos sens de jouir et à vos émotions de s'épanouir. Tout un programme qui peut se résumer ainsi : le plaisir ne fait pas grossir !

10. Légère, tu seras

Être légère de corps et d'esprit. Trouver sa place et faire la paix avec soi-même, c'est bien autre chose qu'une simple question de kilos en plus ou en moins, à l'adolescence comme plus tard. Faut-il lutter pour être bien dans son corps ou lutter pour être bien dans sa tête ? Et si on laissait tomber une fois pour toutes le mot « lutte » pour le remplacer par « harmonie » ? La réponse consisterait alors à s'aimer suffisamment pour ne plus avoir de rapports conflictuels avec soi-même. Cela permettrait de se réserver pour d'autres combats, plus enrichissants et plus stimulants. On serait dans l'échange et, par là, on gagnerait en liberté, qu'en pensez-vous ?

Astuces

IL N'Y A PAS DE PETITS BÉNÉFICES

La moindre de vos activités est bonne pour la ligne ! En effet, sans le savoir, vous consommez des calories en « vivant », tout simplement. Tableau de la consommation calorique en une heure d'activités :

Faire sa toilette : 80 cal/h (si vous la faites chaque jour pendant une heure !)

Monter un escalier : 350 cal/h (à quel étage habitez-vous ?)

Descendre un escalier : 70 cal/h (mêmes causes, mêmes effets !)

Marcher : de 50 à 100 cal/h selon la vitesse (béni soit le lèche-vitrines !)

Prendre les transports en commun : 40 cal/h (plus vous habitez loin, mieux ça vaut)

Regarder la télévision : 20 cal/h (tout de même !)

Lire : 20 cal/h (la culture paie mal…)

Écouter de la musique : 15 cal/h (les oreilles sont plus paresseuses que les yeux)

Jouer d'un instrument de musique : de 60 à 120 cal/h (tout dépend du style)

Réfléchir : 25 cal/h (eurêka !)

Travailler sur ordinateur : 50 cal/h (on n'arrête pas le progrès)

Faire ses courses : de 80 à 100 cal/h (choisissez plutôt l'hypermarché)

Jardiner : 130 cal/h (vous habitez en appartement ? Dommage !)

Passer l'aspirateur : 100 cal/h (et votre mère vous remerciera)

Faire la vaisselle : 60 cal/h (à bas les lave-vaisselle !)

Éplucher des légumes : 50 cal/h (en plus, c'est diététique : d'une pierre, deux coups)

Faire l'amour : 180 cal/h (en moyenne !)

130 cal/h

FAITES VOS COMPTES AVEC LE CALORISCOPE !

Dans le caloriscope, les calories des aliments sont indiquées pour une quantité de 100 g ou pour un verre (15 cl pour l'eau et les jus de fruits, 10 cl pour le vin), sauf dans certains cas où il est plus parlant de donner la valeur à l'unité, comme pour une pomme, un œuf, un pot de yaourt, une canette de soda ou un pain au chocolat. Les valeurs caloriques ont été arrondies. Seuls les aliments les plus courants sont mentionnés ; les plats cuisinés ne le sont pas, leurs calories et teneurs en nutriments sont en effet spécifiées sur l'emballage.

Si vous aviez besoin, en cas d'obésité sévère, de contrôler la totalité de votre alimentation, il existe des « tables des calories » complètes pour vous y aider. Ce contrôle se ferait en outre sous la surveillance d'un médecin.

LES PRODUITS LAITIERS

Lait entier (15 cl) 100
Lait demi-écrémé (15 cl) 75
Lait écrémé (15 cl) 50
Crème fraîche (100 g) 280
Crème fraîche allégée (100 g) . . .170
Yaourt nature (1 pot) 80
Yaourt nature 0 % (1 pot) 50
Yaourt entier aux fruits (1 pot) . . .130
Yaourt allégé aux fruits (1 pot) 60
Yaourt viennois (1) 140
Fromage blanc à 40 % (100 g) . . .115
Fromage blanc à 20 % (100 g) 80
Fromage blanc à 0 % (100 g) 50
Petit-suisse à 60 % (60 g) 125
Petit-suisse à 40 % (60 g) 85

LES FROMAGES (1 portion de 40 g)

Camembert 125
Brie 110
Bonbel 140
Cantal .160
Chèvre .130
Gruyère 160
Vache qui rit (25 g) 45
Roquefort et bleus 170
Parmesan 160

LES VIANDES (pour 100 g)

● **Agneau**
côtelette 210
épaule .290
gigot 220

● **Bœuf**
entrecôte 205
faux-filet 170
bifteck .150

rosbif 150
steak haché 5 % 130
steak haché 10 % 170
steak haché 15 % 205
steak haché 20 % 250
Veau
côtelette 120
escalope 150
filet 100
rôti 240

● **Porc**
côtelette 300
rôti 290

● **Volailles**
blanc de dinde 150
blanc de poulet 120
poulet rôti 220
pintade .150

LES POISSONS ET CRUSTACÉS (pour 100 g)

Cabillaud 80
Colin 80
Crabe 85
Crevettes 115
Langoustines 90
Limande .80
Lotte 80
Merlan 90
Morue .140
Raie 90
Sardines fraîches 125
Sardines à l'huile 230
Saumon frais 180
Saumon fumé 260
Sole 80
Surimi 70

Thon frais 225
Thon à l'huile 290

LES ŒUFS (un œuf gros calibre)
Œuf dur 75
Œuf frit .120

LA CHARCUTERIE (pour 100 g)
Boudin blanc 180
Boudin noir 360
Chipolatas 330
Foie gras 460
Jambon cuit maigre 125
Jambon fumé 340
Merguez 300
Pâté (en moyenne) 300
Rillettes 500
Saucisses 320
Saucisson sec 450
Saucisson à l'ail 320

LES CORPS GRAS (pour 100 g)
Beurre .750
Beurre allégé 400
Margarine 750
Margarine allégée 540
Huile 900

LES FRUITS
Abricot (1) 20
Ananas frais (100 g) 50
Ananas en conserve (100 g) 85
Avocat (100 g) 200
Banane (1) 90
Brugnon (1) 40
Cerises (100 g) 70
Citron (1) 20

Clémentine (1) 30
Figue (1) 80
Fraises et framboises (100 g) 35
Fruits secs
(noisettes, noix, 100 g) 300
Groseilles (100 g) 30
Kiwi (1) .50
Mangue (100 g) 65
Melon (100 g) 35
Mirabelles (100 g) 65
Orange (1) 60
Olives noires (100 g) 290
Olives vertes (100 g) 120
Pamplemousse (1) 130
Pêche (1) 70
Poire (1) 90
Pomme (1) 80

Prune (1) .25
Pruneaux (100 g) 170
Raisin (100 g) 70

LES LÉGUMES FRAIS ET CRUDITÉS
(pour 100 g)

Artichauts 40
Asperges .25
Betteraves 40
Brocolis 25
Carottes .35
Céleris 20
Champignons 40
Choux 25
Concombres 15
Endives 15
Épinards .25

Haricots verts 70
Poireaux .30
Radis 15
Tomates .20

LES FÉCULENTS ET FARINEUX
(pour 100 g ou précisé)

Céréales .360
Biscotte (1) 35
Blinis (1) .180
Farine 350
Pommes de terre cuites à l'eau . . .90
en purée .90
chips 580
frites 300
Haricots blancs cuits 105
Lentilles cuites 100
Riz cuit 110
Pain blanc (1 baguette = 250 g) . .680
Pain complet ou de seigle 260
Pain d'épice 340
Pain brioché 270
Pâtes cuites 110

LES SAUCES (pour 100 g)

Mayonnaise 710
Mayonnaise allégée 410
Ketchup .100
Sauce vinaigrette 660
Sauce vinaigrette allégée 320

LES ALIMENTS SUCRÉS
ET LES DESSERTS
(pour 100 g ou précisé)

Sucre 400
Bonbons .380
Un bonbon 20

Nutella (une cuillerée à café) 80
Une barre chocolatée
(en moyenne) 250
Chocolat blanc 520
Chocolat au lait 560
Chocolat aux noisettes 570
Confiture 270
Chantilly 335
Miel 290
Glace (2 boules) 250
Sorbet (2 boules) 120
Biscuits . . . . .de 350 à 500
Brioche 370
Une pâtisserie
(en moyenne) . . . . .de 400 à 500
Une crêpe nature 70
Une gaufre nature 120
Un chausson aux pommes 300
Un pain au chocolat 280
Un pain aux raisins 280
Cake aux fruits 400
Un croissant 180
Un beignet 200
Une tarte aux fruits 250
Quatre-quarts 400

LES BOISSONS
(un verre de 15 cl ou précisé)

Eau 0
Café (sans sucre) 0
Thé (sans sucre) 0
Chocolat à boire (une tasse) 170
Jus de fruits . . . . .entre 40 et 70
Coca-Cola
(une grande bouteille) 675
Coca-cola (une canette) 140
Coca light (une canette) 1

Sodas et tonics (une canette) . . .130
Limonade 70
Bière (33 cl) . . . . . . .entre 100 et 150
Cidre (10 cl) 40
Champagne (10 cl) 120
Vin (10 cl) 65
Apéritifs (porto, Martini, 10 cl) . . .160
Alcools forts (whisky,
eaux-de-vie, 8 cl) . . .entre 200 et 250

SPÉCIAL SNACK ET FAST-FOOD

Un sandwich
au jambon et fromage 460
Un sandwich au saucisson 530
Un sandwich
au poulet mayonnaise 430
Un sandwich au thon mayonnaise500
Un croque-monsieur 450
Un friand à la viande 350
Une quiche 340
Un panini 460
Un hot-dog 400
Une part de pizza 450
Un big mac 510
Un double cheeseburger 450
Nuggets (6 pièces) 350
(9 pièces) 525
Une grosse portion de frites 375
Une petite portion de frites 180
Un milk-shake (250 ml) 320
Brownie (une part de 50 g) 230